中国上市公司环境信息披露合规度评估方法及影响因素研究

李晓亮　著

中国环境出版集团·北京

图书在版编目（CIP）数据

中国上市公司环境信息披露合规度评估方法及影响因素研究/李晓亮著. —北京：中国环境出版集团，2021.11
ISBN 978-7-5111-4165-1

Ⅰ. ①中… Ⅱ. ①李… Ⅲ. ①上市公司—环境信息—信息管理—研究—中国 Ⅳ. ①F279.246

中国版本图书馆 CIP 数据核字（2021）第 238160 号

出 版 人 武德凯
责任编辑 陈雪云
责任校对 任 丽
封面设计 彭 杉

出版发行 中国环境出版集团
（100062 北京市东城区广渠门内大街 16 号）
网 址：http://www.cesp.com.cn
电子邮箱：bjgl@cesp.com.cn
联系电话：010-67112765（编辑管理部）
发行热线：010-67125803，010-67113405（传真）
印 刷 北京建宏印刷有限公司
经 销 各地新华书店
版 次 2021 年 11 月第 1 版
印 次 2021 年 11 月第 1 次印刷
开 本 787×1092 1/16
印 张 10
字 数 180 千字
定 价 68.00 元

【版权所有。未经许可，请勿翻印、转载，违者必究。】
如有缺页、破损、倒装等印装质量问题，请寄回本集团更换。

中国环境出版集团郑重承诺：
中国环境出版集团合作的印刷单位、材料单位均具有中国环境标志产品认证。

缩略词说明

COD	Chemical Oxygen Demand，化学需氧量
SO_2	Sulfur Dioxide，二氧化硫
NO_x	Nitrogen Oxide，氮氧化物
VOCs	Volatile Organic Compounds，挥发性有机化合物
EDI	Environment Disclosure Index，环境信息披露指数
US EPA	United States Environmental Protection Agency，美国环保局
TRI	Toxics Release Inventory，美国有毒物质排放清单
EPCRA	Emergency Planning and Community Right-to-Know Act，美国《应急响应和社区知情权法》
ESG	Environmental，Social and Governance，环境、社会及公司治理
IPO	Initial Public Offering，首次公开募股
FASB	Financial Accounting Standards Board，财务会计准则委员会
KPI	Key Performance Indicator，关键绩效指标
ACCA	Association of Chartered Certified Accountants，英国特许会计师协会
GRI	The Global Reporting Initiative，全球报告倡议组织
IFRS	International Financial Reporting Standards，《国际财务报告准则》
OLS	Ordinary Least Square，最小二乘估计
QR	Quantile Regression，分位数回归
QCA	Qualitative Comparative Analysis，定性比较分析
fsQCA	Fuzzy-Sets Qualitative Comparative Analysis，模糊集定性比较分析

前　言

近年来，在污染防治攻坚战背景下，我国多依赖刚性的督察等环境政策手段，在取得显著政策效果的同时，也存在诸如经济、社会和行政成本高以及代价大等问题，我国环境治理与生态文明建设未来将会更多依靠具有低成本、高效率、高社会认同度特性的环境信息政策工具，并且已经明确在2020年年底前完成所有上市公司强制披露环境信息系统建立工作。

保障环境信息披露质量是环境信息手段发挥实际效用的基础和关键，发达国家通过建立系统完善的环保信息公开、证券环境信息披露两套制度体系及相应技术规范体系，对企业环境信息披露行为起到“全程质保”的作用。我国上述两个领域两套制度，制度系统性、标准清晰性、执行保障性均比较缺乏，如何在目前制度体系有显著缺陷、披露模式由自愿性披露向强制性披露过渡、企业实际披露状况普遍较差的背景下，提出能够反映我国该领域制度现状与趋势、在现有整体披露水平下具有较高区分度的披露质量评估方法，是亟待解决也是有一定技术难度的问题。

本研究提出“合规性”概念和“先合规、后好坏”的思路用于环境信息披露质量评估领域，建立了适用所有环境行为特性企业，同时适用于强制性和自愿性环境信息披露要求，包括形式合规性、全面性、规范性和真实性四方面的“广义合规性”评估框架，并分别针对属重点排污单位上市公司和房地产业上市公司两类主体构建了量化评估方法；使用多元线性回归、分位数回归（QR）、模糊集定性比较分析（fsQCA）三种方法，对影响两类主体信息披露水平的因素进行分析。对2017年和2018年两类主体实际披露情况开展了实证分析，研究发现：上市公司环境信息披露水平总体上呈现主体和内容双“排浪式（梯次性、挤压式）”提升形势。从主体讲，呈现“属重点排污单位上市公司—其他制造业类上市公司—房地产业类上市公司—其他服务业类上市公司”的梯次性；从内容讲，呈现“形式合规—全面—规范—真实”的梯次性。在“排浪式（梯次性、挤压式）”环境信息披露水平提升趋势下，处在不同披露水平和不同特性的上市公司，影响其环境信息披露水平的主要因素差异显著。属重点排污单位的上市公司要求最高、总体披露水平最好，影响其环境信息披露水平的主要是上市交易所、股权结构和股权性质等核心“硬因素”；对房地产这类现有环保压力不大且非监管重点的公司，主要影响因素仍旧是公司规模、股权性质、盈利能力、两职合一等企业自身“软因素”。

在此基础上，针对全部和部分披露水平提升明显缓慢的上市公司的现状，有以下建议：①按期出台覆盖全部上市公司的环境信息强制性披露政策，继续通过硬性政策全面提升所有主体披露水平。②出台服务于强制性披露要求的技术细则，为各类上市公司提升信息披露水平提供可参考的标准。③重点针对披露水平较低且提升缓慢的企业群体进行专门督促。

在属重点排污单位上市公司方面，关注以下几点：①模糊集定性比较分析中全部完全解所代表的公司。②在上交所上市、高负债率的上市公司。③在低位和中位披露水平，另外关注第一大股东持股比例高的上市公司；在高位披露水平，另外关注民营上市公司。

在房地产上市公司方面，关注以下几点：①模糊集定性比较分析中四类有效简约解所代表的公司。②在低位和中位披露水平，另外关注小规模房地产公司；在高位披露水平，另外关注小规模、两职合一的房地产公司。

本书有一定的理论与实践意义：在研究层面，完善了上市公司环境信息披露状况评估分析的框架、视角和方法，针对属重点排污单位和房地产等环境行为特性差异较大、现有信息披露要求差异也较大的两类上市公司，建立统一的评估框架和评估方法，为评估披露质量提供“基准”；从实践和政策角度，系统评估目前我国上市公司的真实信息披露状况，识别各类细分群体上市公司主要影响因素，为证监和环境部门采取针对性措施提供参考。

作者

2020 年 10 月

目 录

1 绪论

1.1 研究背景与意义

1.1.1 研究背景

环境问题是我国经济社会发展的重要短板之一，党和国家、社会和公众高度重视环境保护。我国在生态基底、产业结构、生产方式、消费模式、城镇化模式等方面的条件与现状产生了较为严重的环境问题，而从我国未来的经济发展、工业化、城镇化等趋势来看，环境压力无减轻迹象。所以，研究和提出适应我国管理体制、充分吸纳国际先进经验、顺应经济社会产业发展趋势以及未来行政管理体制改革方向的环境政策手段，是我国强化环境管理、低成本高效率减缓和解决环境问题的重大命题。开展本研究的背景，主要有以下几点。

1.1.1.1 “制造强国”与“生态文明”双重战略同时实现必须依赖环境管理手段创新

首先，我国制造业规模大，产业结构仍偏重，而且在“制造强国”战略背景下，制造业仍将是我国经济中的重要组成部分。我国早已成为世界制造业第一大国，2018 年，我国制造业增加值占全世界的份额超过 28%，世界 500 多种主要工业产品中，我国有 220 多种产品产量居世界第一，同时我国工业门类齐全，是世界唯一拥有联合国产业分类中全部工业门类的国家。我国建设生态文明的目标与方式，不会照搬发达国家走过的路径，2018 年我国第二产业比例为 39.7%、第三产业比例为 53.3%，但限于国家安全、就业保障、收入相对公平等方面的考虑，我国在未来经济发展中，在促进第三产业（服务业）进一步发展的同时，不会过度对外主动转移制造业，会通过制造业就地绿色转型升级而不是通过传统污染避难所[1]的方式促进环境保护，所以我国不会出现某些发达经济体出现的制造业空心化[2,3]问题。但制造业规模大必然带来污染物排放量大，全国 COD、SO_2、NO_x、烟（粉）尘、VOCs（工业源[4,5]、人为源[6]）等主要污染因子排放量全部超过千万吨级，甚至几千万吨级，氨氮排放量 229.9 万吨，给环境质量改善带来巨大压力。其次，生态文明建设的重要性被提升到新高度，生态文明建设的要求被提升到新标准。党的十八大将生态文明建设纳入党章，将生态文明建设纳入“五位一体”的总体布局；党的十九大将“坚持人与自然和谐共生”纳入新时代坚持和发展中国特色社会主义的基本方略。《宪法修正案》把“生态文明”和“美丽中国”写入宪法。党的十九大报告提出建设“美丽中国”的目标：到 2035 年美丽中国目标基本实现；到本世纪中叶，把我国建成富强民主文明和谐美丽的社会主义现代化强国。虽然目前还未见对于美丽中国的“数值指标型”具体建设目标，但是，从党和国家政策文件中提出的描述性、远景性建设目标来讲，我国生态文明建设一定要达到非常高的水平，比如形成节约资源和保护环境的空间格局、产业结构、生产方式、生活方式；确保到 2035 年，生态环境质量实现根本好转，到本世纪中叶，生态环境领域国家治理体系和治理能力现代化全面实现等；在大气环境方面，“蓝天白云、繁星闪烁”；在水环境方面，“水清岸绿、鱼翔浅底”；在土壤环境方面，“吃得放心、住得安心”；在农业农村环境方面，“鸟语花香、田园风光”。综上所述，我国要在制造强国的情况下推进高水平环境保护，对环境管理手段的精细化、精准化、智能化程度要求会更高。

1.1.1.2 在行政管理体制改革趋势与技术进步形势下，信息类手段在环境管理中的地位更高、作用更大

首先，我国现行环境管理需要强化社会化、市场化、信息化、激励型政策手段。我国目前环境管理法律法规、制度体系总体框架已经建立[7]，也初步建立了环境经济政策体系[8]，而且近年来我国一直在推行简政放权、弱化前端准入、强化市场主体自律、强化事中事后监管的行政改革政策。对比国际经验和国内其他管理领域现状，目前我国环境管理过度依靠刚性化、高成本、强对抗、易反弹、运动式、难以激发企业守法内生动力的、严格的督察执法等手段，整个企业与社会的环境守法氛围仍处在一种脆弱平衡的阶段，诸多企业仍在与环保监管部门进行“猫鼠游戏”，社会化、市场化、信息化、自愿性、常态化、自觉化的高透明度、低成本、教化人心的手段发育严重不足。目前主要的政策工具能够支持短期集中力量办大事、打好污染防治攻坚战，但是对于赢得社会发自内心的认同与自觉遵守、久久为功打好生态文明建设持久战、推动环境治理体系与能力现代化、

建设高水平生态文明还有距离。其次，从社会进步和技术进步趋势来看，信息类手段必将发挥更重要作用。我国人均 GDP 超过 1 万美元，人民对良好环境的追求更加迫切，同时对公众知情权和自身参与、自身贡献的要求和呼吁达到了新高度，从国际经验（环境管理手段由命令控制型向经济市场型、信息自愿型逐步过渡）[9]、社会需求角度来看，我国未来必须更多地开发和使用自愿性、信息型环境政策手段。再次，5G 等新一代信息技术即将全面铺开，深度信息化社会的到来能为信息化环境手段提供更多支撑。最后，国家强化信息型环境政策的制定。人民银行、证监会等七部委明确在 2020 年 12 月底之前“强制要求所有上市公司披露环境信息”。生态环境部联合证监会、人民银行等相关部门制定《企业环境信息强制性披露改革方案》，在融合环保领域环境信息公开和证券领域财务及环境信息披露经验基础上，制定中国特色的环境信息强制性披露制度，在生态文明制度体系中进一步强化信息型手段作用。

1.1.1.3 在我国现有制度实践和研究进展条件下，为使信息类环境手段发挥更大作用，首要问题是开发更科学且贴合现实需求的环境信息披露质量及影响因素评估方法

首先，我国环境信息类手段在制度体系、技术规范等方面存在欠缺，使得企业公开/披露环境信息存在乱象，同时也使得高质量、有共识地评估企业环境信息披露质量有很大难度。发达国家在环保领域和证券（财务）领域构建了系统、全面且互补的环境信息公开/披露制度体系和技术规范：在环保领域，基于公众知情权理论，依托污染物排放与转移登记（Pollutant Release and Transfer Register，PRTR）制度，构建了环境信息公开制度体系和技术要求，要求企业公开一般性、描述性、基础性的污染排放、环境清理和复原责任、环境监测与污染防治等信息；在证券（财务）领域，基于保护中小投资者权益这个理论和基点，主要关心和要求披露的是对上市公司财务状况有较大影响的环境信息（非财务信息），主要是环境因素对公司的成本、收益及竞争力的影响，环境责任、环境行政或司法诉讼、环境风险、环境损失等信息。两套制度均有细致的信息公开/披露技术指引，有效地规范了企业信息披露行为，提高了信息披露质量。而我国在制度配合和技术规范两方面均存在欠缺，企业虽然通过年报、半年报、社会责任报告、环境责任报告、排污许可执行报告等多种形式公开/披露了多种多样的环境信息，但是目前管理部门和企业自己也搞不清楚什么是“好的披露”，甚至什么是基本“达标、合规的披露”，所以，企业在实践中披露的乱象在所难免。其次，目前企业环境信息公开/披露质量评估研究领域也存在诸多欠缺，制度本身的欠缺与披露实践的乱象，使得开展研究评估本身就具有

难度。目前环境信息披露质量评估领域开发了多种方法、进行了诸多实证研究，但是由于缺乏内核、公认的比较“基准”，使得基于某种方法说谁披露得好、谁披露得差比较简单，但是，这种评价标准难以同时获得其他研究人员、监管部门和受评企业的全面认同，对于实务界最关心的“哪些企业披露符合要求、哪些企业披露不符合要求”等更基础、需要“绝对测度”结果支持的一些问题，难以给予正面的、直接的、确定性的答案。总体而言，该领域的方法和成果，学界内部共识较少，学界与实务界共识也较少。再次，国家大力发展和更多依靠环境信息手段，必须首先弥补“共性基础方法”方面的欠缺。环境信息手段要向纵深发展，同时未来必然要在行政处罚、信用评价、投资决策等严肃、高标准、高要求的重大实践中应用，必须要有真实、有法律支撑、有科学依据、有共识的信息披露质量评价标准，这是信息手段的“共性基础规则”、发挥政策效果的“基础设施”，所以必须要首先夯实。最后，上市公司具有典型性和代表性，应优先开发上市公司环境信息披露质量及影响因素评估方法。上市公司是我国国民经济的主力军，也是污染排放重要的贡献者。我国目前至少有重污染行业①上市公司 1 520 家，除传统重污染行业外，诸如房地产行业等非制造业，也产生较大的直接和间接环境影响。据统计，中国碳排放量的 40%（相当于全球碳排放量的 8%）来自于房产建筑业，全生命周期能耗占全国的 40%～50%[10]。另外，上市公司的财务和非财务信息披露要求最高，相对最健全、最规范，自身守法度也好，是环境信息披露方法的最优先完善对象。

总之，在该领域目前国内制度和技术规范条件下，现有研究未能科学准确、有共识地回答“什么是披露合格”“谁披露得好、谁披露得不好”，制约着环境信息手段发挥更好的作用。为使环境信息手段能发挥实效，需要开发环境信息披露质量评估“基准”，开发科学且能够指导实践、凝聚多方共识的披露质量评估方法及影响因素识别方法。

1.1.2 研究意义

从研究角度，完善上市公司环境（会计）信息披露状况评估及影响因素分析的框架、

① 2010 年环保部公布的《上市公司环境信息披露指南（征求意见稿）》将火电、钢铁、水泥、电解铝、煤炭、冶金、化工、石化、建材、造纸、酿造、制药、发酵、纺织、制革和采矿业 16 类行业划分为重污染行业，本文以此为基础，将 2017 年 2 季度上市公司行业分类结果中电力、热力生产和供应业，纺织服装、服饰业，纺织业，非金属矿采选业，非金属矿物制品业，黑色金属矿采选业，黑色金属冶炼及压延加工业，化学纤维制造业，化学原料及化学制品制造业，金属制品业，酒、饮料和精制茶制造业，开采辅助活动，煤炭开采和洗选业，皮革、毛皮、羽毛及其制品和制鞋业，汽车制造业，燃气生产和供应业，石油和天然气开采业，石油加工、炼焦及核燃料加工业，铁路、船舶、航空航天和其他运输设备制造业，通用设备制造业，橡胶和塑料制品业，医药制造业，有色金属矿采选业，有色金属冶炼及压延加工业，造纸及纸制品业，专用设备制造业 26 个行业划分为重污染行业，企业数共计 1 520 家。

视角和方法。本研究围绕的核心，是将“合规性”概念、“先合规、后好坏”的研究思路，引入上市公司环境（会计）信息披露状况评估及影响因素分析研究领域中来，尝试提升该领域研究的科学性、实用性和现实指导性。从该领域已有研究来看，研究模式较为统一、在某些方面达成了一定的共识，一般分为几方面内容，即“环境信息披露指数（Environment Disclosure Index，EDI）”构建、信息披露影响因素识别选取、影响因素与程度定性定量分析三方面。从目前研究来看，发达国家首先以公众环境知情权为理论依据，针对所有企业建立了清晰的环境信息公开制度，在此基础上，以保障投资者利益为理论依据，叠加构建了上市公司非财务信息披露制度体系，即在制度有清晰分工配合、制度所要求的披露内容有显著差异的前提下，构建了上市公司环境信息披露的制度体系与内容要求。发达国家上市公司环境信息披露暗含“环境信息披露已经全部符合环保法规要求”的前提，然后在此基础上构建方法，评估上市公司环境信息披露水平的“好坏”。而我国目前环保制度与证券监管制度（财务制度体系）二者间，关于上市公司环境信息公开/披露，并没有这样清晰的制度分工，即二者是糅杂在一起的。在此种背景下，研究人员在不首先区分、判断上市公司环境信息披露是否“基本达到标准要求”的前提下，就“仓促”构建 EDI 来表征上市公司环境信息披露水平的“好坏”，显然缺乏研究的理论基点、实践前提与各方共识；同时，又因为环境因素、环境信息的复杂性，从不同角度与侧重点可以构建出评价结果天差地别的 EDI，即好像评判一个人的“好与坏”，在没有首先判断他是不是“合法公民”的情况下，就急于因为他的某方面优点而给他贴一个“好人”的标签一样，无论方法如何，结果显然缺乏可比性与可信度。本研究将“合规性”概念、“先合规、后好坏”的研究思路引入上市公司环境（会计）信息披露状况评估及影响因素分析领域中来，尝试在我国目前的政策体系背景下，为上市公司环境信息披露研究引入一个新视角、新研究框架，提供研究的“基准”，努力提升研究方法与结果的共识水平、可比性和可信度，使得理论可以与实践更好的结合，监管部门、上市公司等能够理解研究方法、认同研究结果。

从研究角度，针对制造业企业和房地产企业两类上市公司，分别建立环境信息披露合规性评估方法与信息披露影响因素分析方法，同时提升研究的整体性和区分度。现有政策已经明确，2020 年 12 月底前所有上市公司强制披露环境信息，但是，既往研究与政策重点集中在制造业类（传统污染类企业）上市公司上，对于非制造业类（房地产业、金融业、服务业等相关行业）上市公司强制性披露的定位目标、内容指标、评估方法、披露现状均很少涉及。本研究针对两类产业特性、污染特性完全不同的企业，一方面，基于统一框架分别建立环境信息披露合规性评估方法，提升研究的整体性；另一方面，方法构建、参数选取等也充分体现了行业的差异性，为覆盖全部上市公司的环境信息强制性披露制度提供参考与支撑。

从实证和政策角度，本研究系统评估目前我国上市公司环境信息披露水平的真实状况，识别影响上市公司真实披露水平的主要因素，为证监部门和环境部门联合采取措施提升上市公司环境信息披露水平提供依据与参考。基于开发的评估方法，对制造业企业和房地产企业两类上市公司环境信息披露的总体合规以及全面性、规范性和真实性水平进行了实证评估，识别了存在问题，为相关部门制定相关政策和技术规范、有针对性地督促上市公司提升披露水平，提出了细致且有针对性的建议。

从政策角度，为我国建立覆盖全部企业的环境信息强制性披露制度提供参考，为更好地发挥信息型环境政策手段效果提供支撑。从研究的代表性、可行性、示范性及成果可用性来看，上市公司都是研究环境信息披露的最佳主体，其方法、结果、进展、问题与方向，能够为中国特色的企业环境信息强制性披露制度，提供最有效、最有力的支撑与参考。

从应用潜力角度，为绿色金融、绿色供应链、公众监督、环境税等生态文明其他相关制度，提供扎实、真实、准确的环境信息基础。信息是管理部门、市场主体和社会主体做出任何决策的基础，真实、有效的信息是上述主体做出良性和有价值决策的前提。整体来讲，在目前我国社会氛围和政策环境下，政府、企业和公众均已经对环境保护足够重视，也对绿色发展有足够的关注动力和投入意愿。政府已经制定了基于企业环境绩效优劣的差别化的环境准入、环境监管、环境经济、市场监管等各方面的政策；企业等市场主体、公众等社会主体也与政府类似，已经形成了绿色采购、绿色消费、第三方监督等方面的行为习惯。虽然政府、企业和公众基于已掌握的资源和工具，对于在环保方面奖优惩劣有较大的意愿，但是，目前最为欠缺的是能够科学、有共识、有说服力地评判哪家企业环保真正做得好，这是政策和技术上难以给予有效回答的。而企业环境信息披露的最主要功能，就是为开发评判企业环保优劣的科学方法提供坚实的信息支撑，让环保真正做得好的企业得到认可与实惠。

1.2 国内外环境信息公开/披露制度总体情况

本节介绍了开展本研究的制度层面的背景，即发达国家通过“制度配合—技术支撑—执行保障”等综合性措施，全程保障企业环境信息公开/披露的合规性和质量，而我国在上述三方面有所缺失，信息公开/披露在缺乏“全程质保”的情况下，留给后端的压力和工作内容比较多，需要“先评估合规程度，再评估好坏”。

1.2.1 国外制度总体情况

无论是环保领域还是证券（财务）领域，环境信息公开/披露的英文实际上是一个词，即 Environmental Information Disclosure，但是两个领域的理论基础、制度体系、披露内容等有显著差异［在本文后续部分，按国内惯例，环保领域称公开，证券（财务）领域称披露，如不区分领域称披露］。从发达国家制度构建思路来看，在环保领域，普遍是基于公众知情权理论，构建了较为统一和规范的环境信息公开制度体系，主要形式是污染物排放与转移登记（PRTR）制度，虽然细节各国有差异，但是制度构建思路与框架基本一致。在证券（财务）领域，由于环保领域公开制度已经要求企业（包含上市公司）披露了一般性、基础性的污染排放，环境清理与复原责任，环境监测与污染防治等信息，而且证券（财务）领域主要制度基点是保护中小投资者利益（消除与大股东、实际控制人的信息不对称性），主要关心和要求披露的是对上市公司财务状况有较大影响的环境信息（非财务信息）。所以，美国证监会（United States Securities and Exchange Commission，SEC）等部门要求披露的环境信息主要是环境因素对公司的成本、收益及竞争力的影响，环境责任、环境行政或司法诉讼、环境风险、环境损失等信息。整体来讲，发达国家关于上市公司环境信息披露，环保制度与证券（财务）制度之间是有明显的差异和分工配合的，有清晰的“理论—制度—内容”体系性的逻辑关系，如图 1-1 所示。

1.2.1.1 环保领域信息公开制度情况

从发达国家实践来看，有关环境信息公开的专门公约，如 1998 年欧盟和 46 个国家签署的《在环境问题上获得信息、公众参与决策和诉诸法律的公约》（*Convention on Access to Information，Public Participation in Decision-making and Access to Justice in Environmental Matters*），即《奥胡斯公约》，该公约确立了公众的环境知情权和参与环境治理的权利。2003 年，相关国家又签订了《关于污染物排放与转移登记的基辅议定书》，进一步明确和巩固了污染物排放与转移登记制度的实施，确立了统一的制度框架。美国环保局（EPA）于 1986 年建立的有毒物质排放清单（Toxics Release Inventory，TRI）制度，是全球 PRTR 制度的典范，取得了非凡的管理成效[11,12]，可以视为全球主要发达国家环保领域环境信息公开制度的范本。

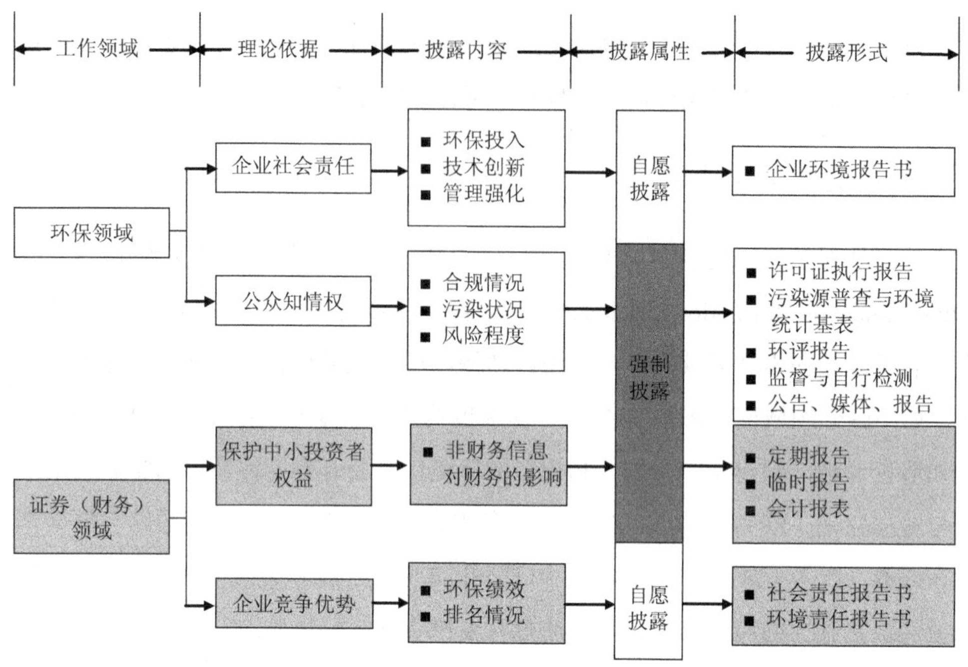

图 1-1　环保领域和证券（财务）领域关于企业环境信息披露的“理论—制度—内容”体系

以 PRTR 制度为核心的发达国家环保领域的信息公开制度，建立起了覆盖所有重点企业、所有排污行为和所有有害物质的信息公开体系[13]，同时提供了清晰的技术规范与支撑，有效保障了企业环境信息公开质量。首先，制度覆盖全面、要求清晰和细致。已纳入排放标准管理的“一般性”污染物，可以用《清洁水法》《清洁空气法》和《资源保护回收法》等法律体系下建立的排污许可制度进行管理，并公开相关信息，而针对未纳入排放标准监管的有毒化学物质在正常情况下和非正常情况下的排放，则适用于《应急响应和社区知情权法》（EPCRA）下的四项制度，并公开相关信息，如图 1-2 所示。即美国环保局以 EPCRA 为核心，连同其他污染防治法律及制度，形成了覆盖固定源全部排放情形和全部排放污染物质的监管体系和信息公开体系。其次，技术规范体系支撑和保障企业的公开质量。EPCRA 要求企业通过制式报告表格公开环境信息，即排放表（Form R）和简表（Form A），表格除要求详细公开有毒化学品明细外，还提供辅助企业填报的指南、计算化学物质的方法等信息。为协助企业提高填报与公开质量，EPA 通过定期培训企业、发布指南和答疑文件、提供总体技术指导和各行业指导文件等方式，为企业提供帮助。再次，核查与惩罚等配套制度保障公开质量。管理部门特别重视保障企业公开数据的真实性。TRI 制度建立了多项信息质量保障机制，比如 EPA 每年从填报企业中抽取一定比例（约 3%）进行核查。对于未按规定公开信息的企业，TRI 采用三种惩罚方式，即执法部门进行行政罚款、法院处以民事罚款、公民提起诉讼。其中以行政罚款为例，参照EPCRA规定，企业违反规定每次至多可罚款25 000美元，“每次”以天计，每延误报告一天视为违法一次。最后，清晰且易用的信息平台也推动企业提升公开质量。EPA基于企业填报信息，建立了全国统一的信息公开平台，可方便民众查询，便利的公众监督也保障了公开质量。所以，发达国家从制度要求、技术规范、配套措施、信息平台四方面全程保障了信息公开质量。

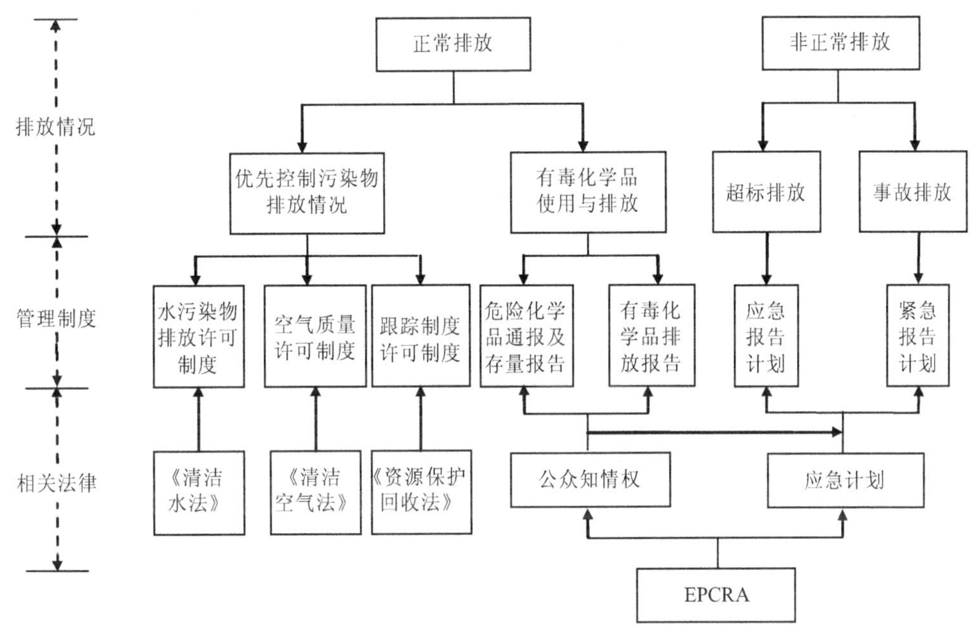

图1-2 美国企业环境信息公开的制度体系与分工情况

1.2.1.2 证券（财务）领域信息披露制度情况

证券（财务）领域要求披露的环境信息一般包括环境责任、环境行政或司法诉讼、环境风险、环境损失等。披露的出发点是考虑环境因素对公司的成本、收益及竞争力是否有影响。关于形式，既有在IPO（首次公开募股）阶段通过招股说明书、募集说明书等形式的披露，也有在IPO成功之后的存续阶段通过年报、半年报等定期报告或临时报告等形式的披露。除法律法规要求强制披露的环境信息外，企业也基于提升企业竞争力、塑造企业形象等方面的考虑，通过社会责任报告、环境责任报告等形式对自身环境资源的利用情况和环境污染的治理情况，特别是环境绩效与优势等方面的信息进行披露。

总体来看，发达国家证券（财务）领域环境信息披露是在环保领域坚实的信息公开制度基础上开展的，在环保领域已经要求并保障企业相对全面、规范和真实地公开了一般性污染排放、环境责任与义务等基本信息的基础上，重点要求披露对企业的成本、收益及竞争力产生影响的环境信息。并且，与前述环保领域公开经验类似，证券（财务）领域环境信息披露制度聚焦核心内容，从强制性要求、环境会计核算标准、三方验证、奖惩机制等多方面保障信息披露质量。

首先，证券（财务）领域环境信息披露，在环保领域信息公开的基础上，聚焦核心内容建立强制性披露要求。发达国家上市公司环境信息披露的内容，总体上是对经济、利润等因素有直接影响的环境（会计）信息。美国要求上市公司在年报中披露的信息包括环境因素对公司的成本、收益及竞争力的影响，公司在防治污染设施方面的重要资本支出，由环境因素引起的司法或行政诉讼（包括公益集团诉讼和私人侵权诉讼），环境因素可能带来的未来运营结果或财务状况的不确定性影响，公司的合同义务中所产生的环境责任，可以为投资带来机会和风险的环境风险因子，与环境责任有关可能造成潜在损失的，环境修复责任等。日本主要要求上市公司披露环境成本（管理活动成本、研究和开发成本、环境修复成本和其他环境成本）、环境保护的经济收益、环境保护负债和环境保护措施等相关环境（会计）信息。

其次，绝大部分发达经济体都制定专门的会计导则和技术指引等技术文件规范，为企业披露提供标准和依据。第一，制定专门的会计准则。美国环境（会计）研究主要规范环境成本与负债的确认、计量与报告等行为，针对《清洁空气法》及其修正案、《全面环境反应、补偿与债务法案》等数十部与环保相关的法律和法规对企业的环境污染预防、降低和治理提出的严格要求，开展环境成本与负债的计量研究[14,15]。美国财务会计准则委员会（FASB）、环保局（EPA）、证监会（SEC）、注册会计师协会（AICPA）等分别出台了《或有事项会计》《处理环境污染成本的资本化》《环境负债会计》《环境负债补偿状况报告》等文件，用以规范环境事项的货币化计算。日本环境省出台了《环境成本及报告指南》《环境会计指南 2005》等，要求对影响环境的重要事项专门核算、专门报告，提供口径一致且可比的信息[16]。第二，针对关键指标制定专门技术指引。部分国家证券监管部门或交易所出台了关键环境指标指引，有的还提供了详细的测算方法、计算导则等。德国发布了《KPIs for ESG 3.0》，包含具体化的关键绩效指标（KPI）。

最后，从三方验证和奖惩机制等制度层面督促企业提升环境信息披露质量。第一，引入专业第三方监督信息披露质量。美国、日本、欧盟、新加坡等发达经济体，虽暂时未像年度财务报告披露那样强制要求会计师事务所进行审计和出具意见，但均鼓励企业邀请第三方专业机构对企业披露环境信息进行验证，对经验证的环境信息披露给予更高的采信优先级。第二，设置有力奖惩措施督促提升信息披露质量。美国、新加坡等明确规定上市公司违反环境信息披露义务时应承担相应的民事、行政和刑事责任。日本设立“环境大臣奖”“绿色报告奖”；英国特许会计师协会（ACCA）设立“环境报告书奖”，鼓励上市公司高质量编制环境报告书；欧盟允许加入“环境管理和审计计划”的公司使用生态标志。

1.2.2 国内制度总体情况

1.2.2.1 环保领域信息公开制度情况

环境信息公开一直是我国环境管理领域的政策工具之一，但国内发展和使用情况逊于国外，环境信息公开处于较边缘地位。国家和环境部门也认识到高水平的生态文明建设必须依赖全社会的自觉与努力，信息公开手段必不可少，生态环境部牵头制定《企业环境信息强制性披露改革方案》，从顶层设计、强化我国环境信息公开制度。

第一，我国诸多法律规定了企业环境信息公开义务，并建立了专门制度。首先，我国《环境保护法》《水污染防治法》《大气污染防治法》《清洁生产促进法》等基本上所有环境保护、污染防治领域的法律，均规定了企业环境信息公开义务。其次，我国建立了企业环境信息公开专门制度。2014 年修订的《环境保护法》第五十五条要求重点排污单位履行环境信息公开义务。为落实《环境保护法》，环境保护部出台了配套文件——《企业事业单位环境信息公开办法》（环境保护部令　第 31 号），对于企业公开环境信息的内容、形式、时限及管理部门的职责等操作性问题予以明确；2017 年 11 月出台了《重点排污单位名录管理规定（试行）》，从技术层面明确了应列入重点排污单位范畴的标准。作为固定源核心制度的排污许可制度，也建立了一套企业环境信息公开制度，出台了《排污许可证申请与核发技术规范 总则》（HJ 942—2018）、《排污单位环境管理台账及排污许可证执行报告技术规范 总则（试行）》（HJ 944—2018）等一系列许可体系下企业环境信息公开标准。除上述制度外，针对国控重点源监测、建设项目环评、企业环境信用评价、危险化学品环境管理等部分领域出台的专项文件，也对企业环境信息公开提出要求，其中以环评和污染源监测两个领域公开力度最大[13,17]。

第二，虽然法律、制度要求多，但因为制度间的顶层设计与分工协调缺乏、技术引导支撑欠缺、执行保证机制弱，导致目前“有政策无细则、有要求无罚则、有数据无校验、不披露无人管”等问题突出，使得我国企业信息公开总体流于形式[17]。首先，环保领域内企业环境信息公开的制度与相关要求间缺乏顶层协调，各自为战，未形成系统合力。以最典型的重点排污单位和排污许可两项公开制度为例，要求企业公开的都是相似的内容，不仅重复公开，而且没有相互校验，处于一种“散装、放任”的状态。至于《水污染防治法》《大气污染防治法》《清洁生产促进法》等其他暂未形成制度的企业环境信息公开义务，更是基本处于“搁置”状态。其次，现有信息公开制度技术规范、技术标准严重缺乏。企业环境信息公开是一项技术性很强的工作，但现有相关制度的原则性要求多、具体技术细节的条文少，缺乏配套的技术规范和标准文件，留给企业公开自身环境信息的选择性和自由裁量空间大，有些企业虽在形式上公开了环境信息，但有意用含混不清的术语来应付、隐瞒，或在环境报告中堆砌大量的琐碎事实、枯燥数据、无关信息，使得信息公开的效力大打折扣。最后，虽设有惩戒措施，但不严厉，也很少处罚企业，无法对企业不合规披露环境信息形成震慑。《企业事业单位环境信息公开办法》明确重点排污单位未按规定披露环境信息的，处 3 万元以下罚款；《水污染防治法》《大气污染防治法》对企业未按要求公开环境信息的，规定处 2 万～20 万元的罚款，甚至可以实施停产整治。但从全国环境行政处罚情况来看，未发现企业因违反环境信息公开规定的实际处罚案例。根据上海青悦环保信息技术服务中心编制的《2019 年排污许可实施观察报告》，截至 2019 年年底，仍有 40%的企业没有公开 2018 年排污许可证执行报告（年报），2 000 家企业执行报告中未按要求公开超标或仅公开部分超标记录，3 万多家企业未发布任何监测数据。缺乏有效监督使得企业即使不公开环境信息也不受或很少受到惩罚，而公开信息的真实性、有效性更无从谈起。

1.2.2.2 证券（财务）领域信息披露制度情况

证券（财务）领域财务信息披露是制度核心，环境等非财务信息披露近年来才逐步受到重视，因为环保因素对于企业盈利影响越来越大，也因为国家高度重视生态文明建设，证监部门、上市公司自身也越来越希望为国家生态文明建设做贡献。

第一，我国绿色证券制度模式从政府主导型向市场主导型转变，环境信息披露基础性作用进一步增强。2003—2014 年，我国实施的是以环保核查制度为依托的政府主导型绿色证券制度模式[18]，主要由各级环保部门以向证监部门出具守法函的形式，对企业申请 IPO 和上市公司实施再融资等行为实施前置性环保审核，对于环境信息披露需求相对较小。2014 年 10 月，响应国务院“放管服”、简政放权要求，环境保护部发布《关于改革调整上市环保核查工作制度的通知》（环发〔2014〕149 号），取消了上市公司环保核查制度，提出建立依赖市场主体、基于信息披露的市场主导型绿色证券制度体系，由保荐机构和投资人依据政府、企业公开的环境信息以及券商、律师事务所等第三方机构评估结果等信息，对（申请）上市与再融资企业环境表现进行评估，更依赖环境信息披露。

第二，证券（财务）领域环境信息披露制度在与环保领域环境信息公开制度进行叠架、错位等制度配合时存在显著欠缺，影响制度效力。首先，证券（财务）领域环境信息披露制度理应叠架在环保信息公开制度基础上，而国内环保信息公开制度存在种种问题和欠缺，无法为证券（财务）领域环境信息披露提供有力支持。其次，证券（财务）领域环境信息披露制度需与环保信息公开制度错位、形成合力，而我国证券（财务）领域环境信息披露制度目前基本上“照搬”环保信息公开的制度要求。《公开发行证券的公司信息披露内容与格式准则第 2 号——年度报告的内容与格式》和《公开发行证券的公司信息披露内容与格式准则第 3 号——半年度报告的内容与格式》（以下简称《2 号准则》和《3 号准则》），要求属于环保部门公布的重点排污单位的公司及其重要子公司应披露相关环境信息，披露主体、披露内容全部直接引用《企业事业单位环境信息公开办法》中的规定，无证券（财务）领域特征。

第三，证券（财务）领域环境信息披露制度存在若干关键技术欠缺，影响制度效力。例如，关于应履行环境信息披露义务的主体，因《2 号准则》和《3 号准则》跟随环保部门规定，将履行环境信息披露义务的上市公司也限定为属于重点排污单位的范畴，因而建立重点排污单位名录就是证监部门督促相关上市公司披露环境信息的最基础的工作之一，但是，到目前为止环保部门未向证监部门系统提供重点排污单位名录，仅在 2017 年 6 月环保部与证监会签署《关于共同开展上市公司环境信息披露工作的合作协议》后开展过一次，后续再未开展。由于名录每年更新、变动，即总体来讲，证监部门并未准确掌握哪些上市公司应履行环境信息披露义务。另外，截至目前，我国官方完全未开展环境会计准则制定工作[16]，所以，上市公司披露货币化环境信息的基础仍不具备。

1.3 研究内容与研究思路

1.3.1 研究内容与技术路线

本书分为 6 章。第 1 章和第 2 章内容围绕的核心是分别从实践和研究两个层面，分析国内上市公司环境信息披露评估和影响因素领域的主要问题与核心需求，目前国内研究缺乏评估基点与共识，导致管理部门在政策制定与实践督促、研究者在理论与实证分析中普遍存在困惑。具体来讲，第 1 章对国内外、环保与证券（财务）领域环境信息披露的制度要求与实践情况进行了分析，认为国外环保与证券（财务）两个领域“制度—技术—执行”“全程质保”信息披露水平高、后端研究压力小；国内两个领域管理要求相对处于一种交织在一起的半混沌状态（图 1-3），无法保障企业高水平披露，使得企业避重就轻披露诸多无用信息，信息受众陷入庞杂繁芜的“信息海洋”而无力提取与己有关的信息[19]，在此种状态下，实践中需要将“合规性”“门槛”概念引入评估。第 2 章对国内外、环保与证券（财务）领域环境（会计）信息披露质量评估及影响因素分析的研究主题、内容、方法与结果进行了分析，国内尚无学者开展过此种角度的研究，将“合规性”概念引入后，可能为该领域研究提供一个可参考的“基准”，增强未来相关研究的共性和可比性。

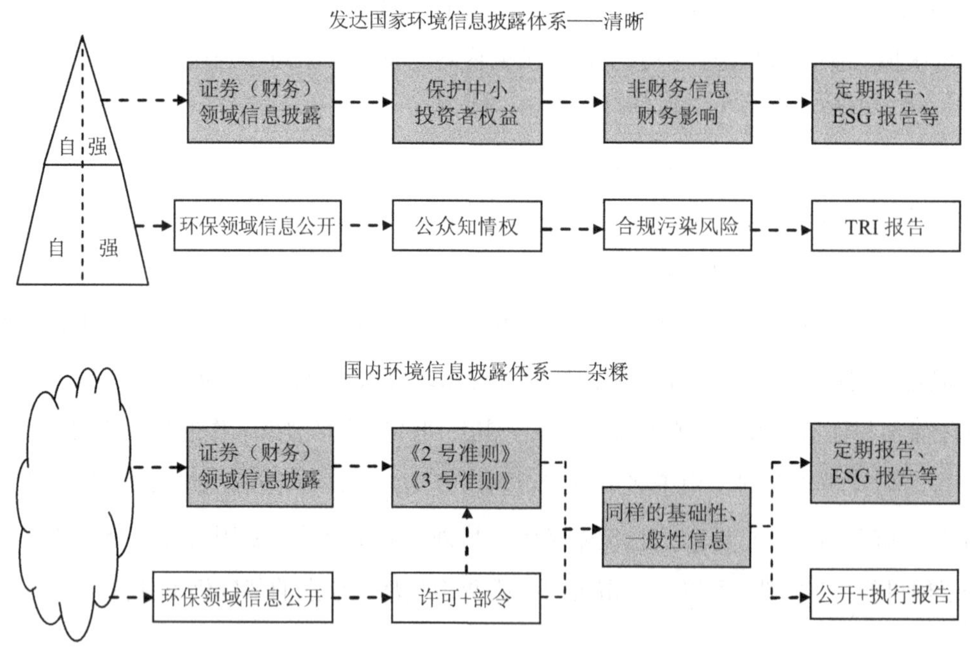

图 1-3 我国与发达国家环境信息披露制度体系差异

本书的第 3～5 章是主要研究内容。

第 3 章构建中国上市公司环境信息披露合规度评估及影响因素评估的方法框架。合规性评估理论框架主要是将“广义合规性”细化为“形式合规性、全面性、规范性、真实性”四个方面，并介绍了每个方面后续方法的构建原则。影响因素评估方法，主要概述了多元线性回归、分位数回归（Quantile Regression，QR）和定性比较分析（Qualitative Comparative Analysis，QCA）的方法原理。

第 4 章针对属重点排污单位（可近似视为制造业类）的上市公司开展细化、实证研究。4.1 节在理论框架基础上，细化构建了属重点排污单位的上市公司环境信息披露合规度评估方法，并利用方法实证评估了 148 家公司 2017 年和 2018 年环境信息披露状况（4.2 节），并分别用回归方法（4.3 节）和模糊集定性比较分析（fsQCA）方法（4.4 节）模拟了此类上市公司环境信息披露质量的影响因素。

第 5 章以非制造业类上市公司中的典型——房地产企业为例，开展细化、实证研究。在理论框架基础上，细化构建了房地产上市公司环境信息披露合规度评估方法（5.1 节），利用方法实证评估了 127 家公司 2017 年和 2018 年环境信息披露状况（5.2 节），并分别用回归方法（5.3 节）和模糊集定性比较分析方法（5.4 节）模拟了此类上市公司环境信息披露质量的影响因素。

第 6 章叙述了本研究的总体结论和相关建议，并对研究的欠缺与展望进行了分析。研究的技术路线和研究内容的逻辑关系，如图 1-4 所示。

1.3.2 研究方法

本研究用到的量化分析方法，主要有以下三种。

（1）指数评分法

本研究在对上市公司环境信息披露质量（水平）进行定量化评估时，采用该领域最为常用的指数评分法（即环境信息披露指数，Environmental Disclosure Index，EDI），通过一定的指标设置和打分规则，将涉及多方面、数字与文字等多种形式、多种表述方式的环境信息与相应的比较标准进行比对、打分[20]，得出每家上市公司的环境信息披露指数，为后续研究提供扎实可信的量化分析基础。

（2）回归分析方法

包括多元线性回归和分位数回归两种方法。使用多元线性回归方法，对制造业和房地产行业两类上市公司中全部主体分别进行统一分析，得出各因素从总体层面对两类公司环境信息披露水平的影响程度；使用分位数回归方法，进一步判断在不同环境信息披露水平下，不同因素的影响有何差异，分别对披露水平在 25%、50%、75%三个分位数（低、中、高）的影响因素进行检验，得出分析结果。

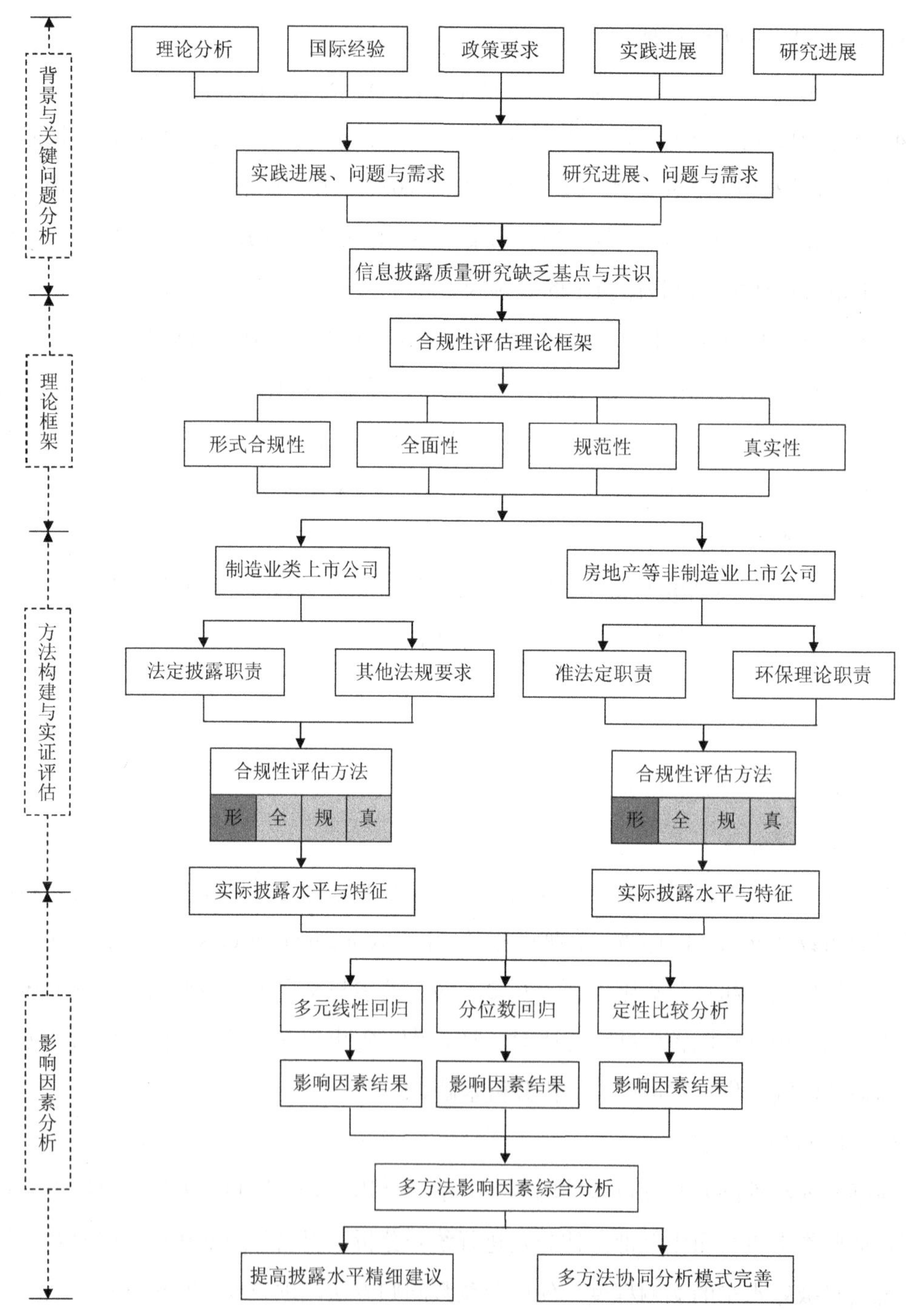

图 1-4　本研究的技术路线

（3）模糊集定性比较分析方法

定性比较分析方法在社会学和政治学领域应用较多，主要用于探索多因并发性复杂社会现象的因果关系的分析方法，尝试在上市公司环境信息披露影响因素分析领域使用该方法，具体选用模糊集定性比较分析方法对两类上市公司分别分析。一方面，传统回归分析方法只能分析单个前因条件独立的“净影响”，无法分析多种前因条件间的互相作用，模糊集定性比较分析方法可以弥补此方面的不足；另一方面，与传统回归方法进行协同、发挥各自优势建立一种多方法联合的分析方法，进行更细致的分析，旨在提升两类主体中“细分群体导向”的环境信息披露水平。

1.3.3 研究创新点

本研究主要有两点创新：第一是引入“合规性”理念尝试为环境信息披露质量（水平）评估提供比较“基准”。国内上市公司环境（会计）信息披露的评估及影响因素分析在实践和研究两个层面存在的最主要问题与最核心需求——缺乏评估基点与共识，导致评估结果与影响因素间普遍缺乏可比性、互相之间的认同性以及实践上的真实指导意义，针对此问题，本研究将“合规性”概念、“先合规、后好坏”的思路引入，尝试提供一个研究的基点、研究与实践的共识结合点，如图 1-5 所示，尝试提出一种能得到多方认可、适用于所有类型上市公司环境信息披露的“真实”水平评估的理论框架及量化方法。第二是首次将模糊集定性比较分析方法引入环境信息披露水平影响因素分析。一方面是突破影响因素单独对信息披露水平产生影响的传统回归分析方法，能够发现影响因素之间的“组合叠加效应”；另一方面是将该方法与传统回归分析方法联用，建立了“多元线性回归—分位数回归—定性比较分析”联合分析模式，得出针对更细分上市公司特征群体的更深入细致的分析结果，各自的信息披露水平提升建议也更有针对性。

将“合规性”概念、“先合规、后好坏”的思路引入该领域有两方面好处。一是以前国内环境信息披露质量的评判标准是仅在每种研究方法界定内可比的“相对测度”，不同研究构建的评估标准间不具备可比性，本研究尝试构建“绝对测度”标准来提升研究结果可比性，如图 1-5（a）和（b）所示。二是保证评估指标体系内各具体指标的“同向性”，如果缺乏基准，那么可能出现建立的评估指标反映出的“好坏”与评估指标体系总体想评估的“好坏”完全无关，甚至完全相反，如图 1-5（c）所示。如果理论上的“合规及格线”是与 Y 轴平行的一条线、质量好坏评估的尺度是沿 X 轴的（x，0，0），那么未考虑合规基点而纳入的某具体评估指标的方向是（-1，y，z），则该指标与体系要求是反向的，出现了根本性错误，以“合规性”为基点可以避免这种情况的出现。

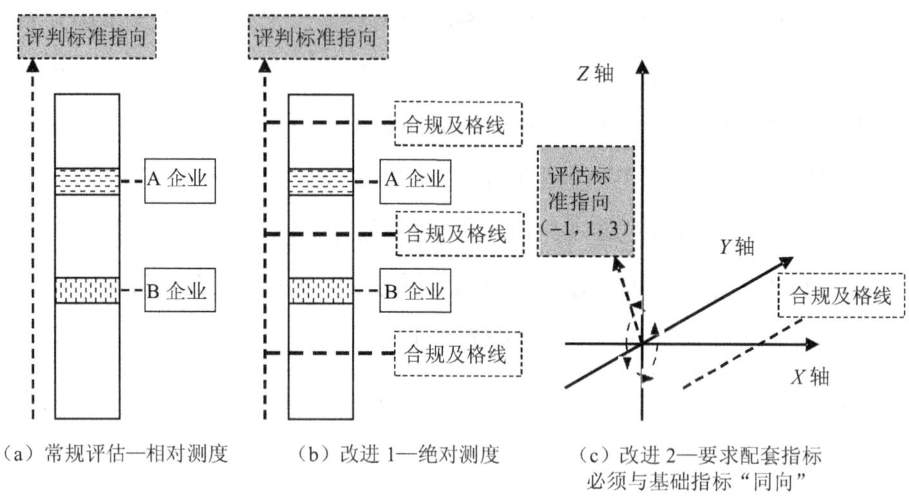

图 1-5 “先合规、后好坏”的环境信息披露状况评估方法与传统研究方法的对比

除上述两点创新外，在研究的某些必要组成部分中，也开展了一些小的创新研究：一是传统上市公司环境信息披露，绝大部分是选取重污染行业及某些细分子行业开展的，针对房地产业的研究极少，本研究在统一框架下，分别开展了属重点排污单位的上市公司与房地产行业上市公司的评估研究；二是在“广义合规性”中对真实披露的底线要求和市场最关注的信息——重大环境行政处罚信息的真实披露进行了研究，首次提出了我国重大环境行政处罚的判定标准，并基于数据优势首次开展此方面“真实性”披露评估的实证研究。

2　文献综述

本章对上市公司环境信息披露质量评估及影响因素识别的研究内容、案例、方法等进行总结，分析研究层面的进展、问题与需求，进而提出本研究的思路、方法、主体、对数据的思考与创新性。

与本研究内容相关的领域主要有两个：一个是证券（财务）领域的环境（会计）信息披露；另一个是环保领域的环境信息公开、自愿性（信息型）环境政策。本研究对上述两个领域中的高引用度文献和近 5 年来的最新文献进行了研究，挑选重要的、相关的文献进行述评。

2.1　相关基础理论分析

上市公司是特殊市场主体，其环境信息披露行为受到经济利益与环境保护等多方面影响，也受到环保法规和证券法规双重约束，不同行业、不同特征的上市公司环境信息披露行为存在明显差异[19]。本节对环保和证券（财务）两个领域的相关理论基础进行分析。

2.1.1　环保相关理论

开展信息类环境政策手段研究，在环保领域中可以提供指导和参考的理论主要有世界通用的外部性理论、公众知情权理论、环境价值理论，以及根据我国国情和环境战略提出来的中国特色生态文明理论。

外部性理论。该理论可视为环境管理领域主要的理论基础和理论指导之一，具体是指一定的经济行为对外部的影响，造成私人（企业或个人）成本与社会成本、私人收益与社会收益相偏离的现象[21]。外部性的定义方式主要有两种，即分别从产生主体角度和接受主体角度来定义。用数学语言来表述，外部效应就是某经济主体的福利函数的自变量中包含了他人的行为，而该经济主体又没有向他人提供报酬或索取补偿[22]。外部性可分为正外部性与负外部性，环保领域中关于外部性的研究主要是针对负外部性开展[23]，但在环境信息公开/披露领域中，一般将产生负外部性行为的相关信息纳入强制性披露范畴，将产生正外部性行为的相关信息纳入鼓励性披露范畴。

公众知情权理论。知情权是指知悉、获取信息的自由与权利，被联合国列为基本人权之一[24]，环境知情权是知情权也是环境权的一部分。近年来，随着社会发展，知情权的外延在扩展，既包含公法权利属性，又包含民事权利属性。合理地界定和保障公众环境知情权，为公众参与环境治理提供基础，使得公众作为一个整体、每个人作为一个个体，既能够维护公众财产等公权益，也能够维护人身利益等私权益。公众环境知情权“是其他权利得以正确行使的先决性权利”[19]，所以，在环境信息公开/披露领域中，一般是将对公共利益、对某些群体/个人的健康权/财产权等可能产生影响的行为的相关信息，纳入强制性披露范畴。

环境价值理论。该理论认为环境具有效用性、稀缺性，将其视为经济资源的一种，所以企业等使用者在使用环境资源时，势必要付出一定的经济成本，因而产生了环境（经济）成本的概念，也随之产生了环境负债、环境资产、环境收益等概念。在环境信息公开/披露领域中，一般来讲，环境成本/负债/资产/收益等环境（会计）信息内容，是把环境价值计入经济与财务核算体系，进而计入宏观与微观经济决策过程中的体现[25]，是证券（财务）领域环境信息披露制度关注的重点。

中国特色生态文明理论。我国在发展战略与现实国情条件下，逐步形成了具有中国特色的生态文明理论体系和实践成果。在发展过程中形成了“绿水青山就是金山银山”的发展理念[26]，2018 年全国生态环境保护大会确立的习近平生态文明思想的理论与内涵体系[27]等，是中国特色生态文明理论体系的成果。中国特色生态文明理论总体沿袭中国特色社会主义的理论本质、主要特征，“共建共享”是（与类似理论的）主要特征和差异之一，即生态文明建设的成果由全民来享受，建设也需要全员参与[28]，全员参与就需要为每个主体提供足够的信息指导，所以，环境信息公开/披露就是此种理念下生态文明建设需要依赖的主要工具之一。另外，生态文明建设成为我国政治任务内容之一后，其理念、体系与制度氛围也发生了极大变化。在中国特色生态文明理论指导和实践要求下，企业在实现基本合规与达标排放后，主动进行超低改造和深度治理，加入到“环保竞赛”氛围中，而信息公开/披露机制就是向外宣传这种竞赛结果的主要渠道之一。

2.1.2 证券（财务）相关理论

信息不对称理论/投资者保护理论/委托代理理论。信息不对称理论的主要观点是：在市场经济活动中，不同人员对信息（特别是关键信息）了解程度有差异，差异体现在数量、质量、时效性等多方面。信息是具有价值的重要经济资源，信息不对称严重损害了信息匮乏者的利益[23]。作为投资者，尤其是中小投资者，易处于信息劣势、滞后地位。信息不对称可能催生逆向选择和道德风险两种负面现象，在环保领域，分别体现为拉低社会整体环境投入水平和环境绩效，以及企业经营管理者可能主动在环保方面减少投入，牺牲投资者的长期持续利益来追求自身短期利益最大化等。所以，通过充分、及时、全面的环境（会计）信息披露，可以减缓信息不对称，特别是对保护中小投资者利益非常重要[29,30]，而这也正是证券监管领域立法的最主要的目的之一[31,32]。

为避免企业所有者兼经营者即两职合一易出现的信息不对称问题，要推动将经营权让渡给职业经理人，实施两职分离委托代理。委托代理一方面是经营责任，另一方面是环境合规、环境资源有效运用方面的责任[33]。所以，必须通过充分的环境（会计）信息披露，同时报告经济和环境资源受托责任履行情况，使企业所有者、投资者能够更全面、准确地了解职业经理人的工作效果，做出更合理的投资决策[20,29]。

利益相关者理论/社会（环境）责任理论。利益相关者理论将公司看作一个利益相关者组成的契约组织[34]。不同于所有者至上理念，该理论认为利益相关者的投入是企业生存发展的前提，企业要发展应充分照顾全体相关者权益，而非只照顾股东等某部分群体利益。该理论将企业利益相关者从经济依赖性、所有权和社会利益三个不同角度进行分类[30]。企业通过充分披露环境（会计）信息，向各利益相关者传递照顾到各方利益的信号，以期获得认可、拓展企业发展空间[29]。社会责任理论将上市公司看作一个既有盈利功能也有社会服务功能的经济组织，而环境责任是公司履行的社会责任中最重要的责任之一。公司通过信息披露向社会报告自己履行环境责任的情况，在占用大量的社会环境资源来创造自身的经济利益的同时也承担了相应的环境责任。

印象管理理论。印象管理，是指企业主动控制/调整他人对自身印象形成的过程，企业通过信息披露塑造在利益相关者心目中的形象[35]。由于环保具有特殊性，投入大、产出低、无立竿见影的效果，相对于经营效益来说属于较边缘的领域，如果环保领域能做得好、投入足够，可以间接佐证对企业利润有更直接贡献的长板领域做得更好，有利于塑造企业整体的正面形象。

除上述相关理论外，对于企业环境信息披露行为有影响的理论还有合法性理论[36]、正当性理论[37]、公共压力理论[38]等。

2.2 环境信息披露质量评估与影响因素分析

2.2.1 环境信息披露的概念、内容与形式

2.2.1.1 概念和内容

提高资本市场资金配置效率，降低内外部信息不对称程度，是政策制定者和投资者关注的重点，财务、环境、社会责任等信息披露的状况与质量对投资者决策产生较大影响。环境信息披露可视作公司和利益相关者之间的一种对话机制，杨南等[39]认为环境信息包括与环境相关的风险、目标、理念、收益、支出等信息。孟凡利[25]认为环境信息包括环境风险、环境影响、环境政策、环境目标、环境成本、环境负债和环境绩效等方面的信息。王璐[40]认为环境（会计）信息应包括环境问题的财务影响和环境绩效信息两部分。从信息种类与呈现形式方面来讲，武剑锋[41]和吕峻[42]均认为，环境信息披露包括强制性披露与自愿性披露两种，强制性披露的环境信息属于“硬信息”，自愿性披露的环境信息属于“软信息”。杨南等[39]认为环境信息包括可货币化的环境信息和非货币化的环境信息两种。沈洪涛等[43]认为，披露分为强制性披露、自律性披露、自愿性披露。

2.2.1.2 披露形式

上市公司环境信息披露载体较丰富，既有必选渠道也有可选渠道。龚明晓[44]认为我国上市公司对环境（会计）信息披露的方式主要有董事会报告、公司治理结构、重要事项、审计报告、财务会计报表、会计报表附注等，其中董事会报告和会计报表附注是大多数上市公司主要采用的方式。赵帆[45]认为我国企业环境信息披露形式多样，主要有 4 种：单独的环境信息披露报告或者社会责任报告、董事会报告、在年度财务报告的重要事项中、在年度财务报告的附注中。周守华等[46]认为环境（会计）信息披露有两种模式：补充报告模式和独立报告模式，补充报告模式包括表内披露和表外披露两种，独立报告模式是企业编制独立的环境报告。姜轶鸥等[47]认为企业环境信息披露形式经历了补充报告、独立环境报告和社会责任报告三个阶段，最新的发展趋势是综合报告。陆雪艳等[48]也介绍

了欧盟推行的最新的将财务信息与各种非财务信息统一进行披露的综合报告模式。胡曲应等[49]认为招股说明书、年报、社会责任报告是上市公司披露环境信息的主要渠道。任月君等[38]认为合并报送方式，将环境信息设置为独立的段落在传统财务报告中进行报告，编制独立的会计报告，独立编制企业环境报告是我国环境会计信息披露的主要渠道。付茂旭[50]认为，大多数公司难以做到采取单独环境报告的形式来披露环境（会计）信息，可借助传统财务报告披露环境（会计）信息，主要有年度财务报告、社会责任报告、环境报告、公司网站、招股说明书等，不同形式侧重点不同。刘丽波[51]认为上市公司主要通过招股说明书、年度报告、社会责任报告、内部控制自我评价报告等形式披露环境信息。

2.2.2 环境信息披露质量评估

2.2.2.1 披露总体状况与存在问题

大量学者选取多种行业、多种范围的企业，使用各种渠道披露的环境信息，开发多种评价方法进行研究，得出的结论基本上均给予国内上市公司环境信息披露状况以负面评价，极少有给予总体正面评价的，至于全面、规范、针对性强、有效性强等更为细致的肯定披露状况的结论，更未见到。

绝大部分研究认为披露水平较差。Liu 等[52]认为中国上市公司环境信息披露水平较低。付茂旭[50]认为我国采矿业上市公司环境信息披露总体较差。李祝平等[53]认为我国采矿业披露状况差，披露内容缺乏可比性、可靠性和相关性，披露形式不规范、不固定，带有随意性。柳柯[54]认为我国钢铁行业上市公司环境信息披露水平差，国家没有强制披露的法规标准，公司披露随意性很大。向春华[55]认为我国化工行业环境信息披露水平差。王璐[56]认为我国重污染类上市公司环境治理信息披露缺乏明确的信息质量标准，缺乏第三方鉴证与监管，环境治理信息披露的可靠性存疑。王楠等[57]认为我国上市公司信息披露缺乏主动性、内容不全面、模式不统一不规范、信息可靠性不足。刘丽波[51]认为我国化工行业披露内容不全面、可比性差，披露内容中定性、笼统的信息多，而且信息缺乏鉴证和审核。梁玉栋[58]和程鑫[59]均认为我国上市公司环境信息披露内容不真实、不规范、不及时、不充分。朱易捷[60]认为我国上市公司信息披露缺失统一的标准、规范性严重不足。沈洪涛等[61]研究发现，针对在合法性压力和不确定性共存条件下的环境信息披露问题，上市公司主要通过模仿平均水平企业的披露状况来进行解决和回应，而不是模仿领先者。

极少部分研究认为披露状况尚可。王思思等[62]认为我国钢铁行业上市公司环境（会计）信息披露情况整体尚可，但存在严重两极分化现象。王璐[56]认为上市公司环境治理信息披露指数随公司上市时间推移呈增长趋势，披露水平有所改进，披露内容日趋详细。

2.2.2.2 EDI 构建思路与计量方法

（1）常用方法

关于上市公司环境信息披露状况的计量，常用的方法主要有两种，分别是内容分析法和指数评分法[63-65]。内容分析法是对企业的环境信息披露报告等载体进行分析，根据所披露的环境信息在总体报告中的字数[66]、句子数（行数）[67]、页数[68]等内容篇幅的占比来间接衡量和表征企业环境信息披露的质量。通常情况下，研究者使用的文件都是公司的年度财务报告。内容分析法相对简洁、直观、简便，早期使用较多，但因为其仅以数量代表披露水平显然有失偏颇，近年来使用不多。总体上国内外应用更为广泛、研究更为深入的是指数评分法（EDI）[63,69]。除建立综合性信息披露指数外，也有部分研究以单一类别较为重要的环境信息直接作为披露指数的，如周晖[70]以环保 NGO 蔚蓝地图制作的“上市公司污染源在线监测风险排行榜”及相关的超标天数、平均超标倍数、最大超标倍数、环境风险指数等作为环境信息披露指标开展相关研究。

通过指数评分法表征公司环境信息披露情况，核心在于 EDI 选择评估角度与选型、具体评估指标选取、指标量化表征和形成综合指数这三步内容，下面逐一介绍。

（2）EDI 选择评估角度与选型

环境信息披露具有主观性特点，很少有国家对环境信息披露内容制定统一标准[41,71]，环境领域的信息和数据从核算到披露，受企业自身意愿影响大，导致各国、各交易所环境信息透明度、全面性和真实性差异较大；但从商业性角度看，标准化、高质量、能核算和纵横向对比的环境数据，对利益相关者决策和监督企业环境行为很重要[41]。

EDI 选择评估角度可理解为根据评估目标，准备从哪些方面评估环境信息披露水平。沈洪涛等[61]和李余晓璐[72]认为作为非财务信息的环境信息披露有大量定性描述，环境信息披露水平衡量需要通过披露数量和披露质量两个维度来描述，数量通过披露篇幅衡量，质量从披露的量化性、显著性和时间性三个方面来衡量。王建明[69]从相关性、可靠性、可比性、充分性和明晰性五方面构建评估指标。李晋[73]参考王建明[69]五方面评估指标，对每种属性的内涵和包含指标进行了修改。周丽娜[23]从可靠性、相关性、可理解性、可比性、可验证性五方面构建评估指标。李宏婧[74]从充分性、显著性、可靠性三个方面构建指标进行评估。刘易[75]从完整性、平衡性、可读性和实质性四个方面构建评估指标。张懿琳[76]从显著性和充分性两大方面构建包含28项指标的评价体系。秦智远[77]从相关性和如实披露两个层面，从环保政策信息、环保责任信息、环保绩效信息、信息编制过程控制、信息披露过程控制、信息披露内容完整性六大方面构建包含29项指标的评价体系。张山[78]从完整性、科学性、系统性等层面建立评价指标体系。凌兰兰[79]从中肯性、可比性、时效性、可靠性、准确性、清晰性六个方面构建了评价指标体系。孙思琪[80]从相关性（有用性）和可靠性（客观性）两个方面构建指标体系，其中相关性（有用性）包括环境管理、环境责任、环境绩效、环境财务四类21项指标，可靠性（客观性）包括质量控制、披露形式两类5项指标。钱伟[81]从显著性和量化性两个维度细化了对每个打分指标的打分细则。龚明晓[44]从相关性，无偏性，可理解性，可靠性，可比性和一致性，重要性、完整性和充分披露六方面建立了评估体系。余婷等[82]首次从合规性角度构建了评价指标体系，后续余婷[83]又进一步完善了合规度评估方法，但仍仅限于形式合规评估方面，未做更深入研究。

选型是上述选定评估角度与具体评估指标间如何组合和纳入核算。本研究概括为两种方式，即纵向方式（外延式纳入）与横向方式（内涵式纳入）。以显著性、时间性为例，纵向方式（外延式纳入）即视某些指标整体代表显著性（如指标1～5）、某些指标整体代表时间性（如指标6～8）；大部分研究采用此种方式。横向方式（内涵式纳入）指对每项指标的赋分均从显著性、时间性两个维度进行考虑，较少研究采用此种方式，如钱伟[81]的研究。

（3）指标量化表征和形成综合指数

本部分包含两方面内容，一是纳入指标体系中的每项具体指标如何量化赋值，二是所有纳入评估的单项指标得分如何综合形成EDI总分。

在每项指标具体量化赋值方法方面，从简单到复杂，有如下类型：①依据每项指标是否披露，有相应披露得1分，无披露得0分[20]。②依据每项披露详略程度，未披露计0分、简单概括计3分、详细描述计6分[56]，或者以每项指标相关的环境信息内容（去掉图表之后）的行数占比情况[61]计。③依据每项指标是否有定量披露，无任何描述得0分，定性一般描述计1分，定性详细描述计2分，定量分析计3分[41,55,62,84-88]。④依据每项指标是否有货币形式披露，无信息计0分，简单非货币性信息计1分，具体非货币性信息计2分，披露货币计量信息计3分[54,69,89-92]。⑤将每项指标是否定量和是否以货币形式披露结合，未披露计0分，简单定性描述计1分，定量或以货币形式描述计2分，定性定量结合或以完整货币形式描述计3分[93,94]。⑥根据指标重要性差异设置不同计分规则，如参考全球报告倡议组织（GRI）发布的《可持续发展报告指南》（第三版）（简称G3 版）①指标体系中的核心指标和补充指标，根据披露详细程度、是否有定量披露等差异，将核心指标计 5 分、3 分、1.5 分和 0 分，补充指标计 3 分、1 分和 0 分[95]；根据硬、软披露信息差异（硬披露信息指可验证、难模仿的环境信息，软披露信息指难验证且易模仿的信息[96]），硬信息计 0 分和 1 分，软信息计 0 分、1 分和 2 分[42]；还有一个区分软、硬信息的方法，即根据强制性披露（硬）和自愿性披露（软）区分[41]。⑦根据类似内容出现的不同位置以及是否有第三方验证提升信息可信度等赋予差异化分值，如相似内容通过社会责任报告或环境报告披露为 2 分，仅在年报中披露为 1 分[97]；根据披露位置位于年报中财务部分（财务报表、财务报表附注和补充报表）、非财务部分（年报中其余部分）赋予不同分值[72,98-100]；报告设有指标索引额外加分[95]；报告通过第三方审验（或评论），因更具公信力额外加分[95,97]。⑧根据每项指标内容时间性、形式多样性等其他属性差异，关于当下的信息计 1 分，有关于未来的信息计 2 分，有关于当下与过去对比的信息计 3 分[72,98]；根据是否包含图表、案例、解释等形式差异给予差别赋分[80]。⑨上述量化赋值方法的联合使用，比较典型的如 CONI 方法等[101,102]。有根据交易所评估的上市公司信息披露总体质量情况对环境信息披露指数进行修正的[103]；有通过模糊综合评价法，使用每项指标的最优秀披露水平的隶属度表征指标得分的[80]。

在将单一具体指标的得分综合计算形成 EDI 总分方面，主要有直接加总、加权汇总、因子分析等方法[104]，大部分研究采用直接加总的方法，有部分研究使用加权汇总，如通过熵值法[105]、层次分析法[77,80,106,107]等对各指标进行赋权后再加总形成 EDI 总分。其中较为典型的是将所有指标区分为从“完全不重要”到“很重要”的 6 个等级[69]。

2.2.2.3 EDI 评估指标选取

本小节讨论组成 EDI 的每项具体指标如何选定。发达国家环境信息披露制度系统性强，制度的关注重点、技术规范、内容形式、时限要求、违规责任等均较为清晰[108]，哪些内容纳入 EDI 构建相对容易选择。而国内环境信息披露缺乏标准，不同行业、不同企业的信息披露内容和模式不同，相互比较存在一定困难[69]，因此增加了纳入 EDI 指标的选取难度。从国内外研究情况来看，主要有参考某些强制性或自愿性技术规范构建指标体系、结合前人研究自选构建指标体系两种方式。

① GRI 是由美国的非政府组织和联合国环境项目在 1997 年共同发起成立的，其总体目标是开发一个全球公认的报告框架，以增强可持续发展报告的质量、严格性和实用性。

（1）参照技术规范构建

借鉴发达国家可持续发展报告和财务准则构建评价指标体系。Clarkson 等[96]借鉴全球报告倡议组织（GRI）发布的《可持续发展报告指南》（G3 版）的指标体系建立了环境信息披露指数，吕峻[42]使用该方法对国内造纸和建材行业环境信息披露水平进行了评估。何丽梅等[109]参考 G3 报告中 30 项环境绩效指标，对国内电力企业环境信息披露状况进行了研究。也有学者[69,110]借鉴美国财务会计准则委员会发布的会计准则和质量评估标准构建环境信息披露的评估范围、项目和指标体系。

借鉴证券（财务）领域环境信息披露规范性文件构建指标体系。张猛[90]和刘洋等[92]均基于上交所《上市公司环境信息披露指引》构建指标体系，对山东省重污染行业上市公司环境信息披露情况和影响因素进行了研究。余婷等[82,83]参照证监会 2016 年和 2017 年修订的两版《2 号准则》中的环境信息披露要求，分别构建了包括 9 项和 12 项指标的评价体系。

借鉴环保领域环境信息公开规范性文件构建指标体系，如《环境信息公开办法（试行）》。李晚金[87]参考该办法，构建了包括环境政策、环境责任、环境保护三方面 11 项指标的评价体系。胡立新等[111]参考该办法及相关研究，构建了包括环境政策、能源消耗、污染排放、环境责任、环境保护五方面 22 项指标的评价体系。刘慧娟[108]参考该办法及相关成果，构建了包括工作管理、污染治理、环保措施、其他信息四方面 15 项指标的评价体系。王鹏[112]从相关性、可靠性、充分性三大方面构建了评价体系。沈洪涛[98]结合上市公司年报特点，构建了包括六方面内容的评价体系。张世兴[113]构建了包括环境保护方针及目标、环保守法情况等八大方面 19 项指标的评价体系。

借鉴环保部门制定的上市公司环境信息披露规范文件，主要是《上市公司环境信息披露指南（征求意见稿）》（环办函〔2010〕78 号）（以下简称《披露指南》）。此文件只是征求意见稿，从未正式实施，但由于该文件是迄今唯一一版由环保部门制定的上市公司环境信息披露指引，如果实施理论上应该是上市公司环境信息披露最专业、最权威的文件。武剑锋[41]基于披露指南的基本类指标，构建了包括货币化环境信息和非货币化环境信息两大类 19 项指标的评价体系。钱伟[81]参考披露指南和相关法规要求，参考环境会计信息分类，构建了包括环境财务信息（环境资产、环境负债、环境费用、环境收入）和环境非财务信息（环保工作、环保成效、环保计划）两大类 7 小类 40 项指标的评价体系。李晨光[91]、魏婉婷[114]、李静[115]、黎睿[30]均借鉴《披露指南》，构建了关注方面相近、具体指标各异的 EDI 评价体系。

借鉴环保部门制定的其他相关规范性文件。侯蕴慧[116]参考《企业环境报告书编制导则》

（HJ 617—2011）构建指标体系。沈洪涛等[117]、杜建儒[100]参考《企业环境行为评价技术指南》（环发〔2005〕125 号）构建指标体系。

除主要依据单一环保、证券、财务类信息披露文件或相关的技术规范构建 EDI 指标体系外，诸多研究人员参考糅合几项标准构建评价指标体系。高宏霞等[118]同时参考全球报告倡议组织发布的《可持续发展报告指南》（G3 版）中环境相关内容与《环境信息公开办法（试行）》中要求企业公开的内容构建指标体系。向凯[119]参考《国际财务报告准则》（IFRS）与国内《2 号准则》构建了包括 440 个强制性披露条目和自愿性披露条目的评价体系。赵宝福等[120]、王莲[121]、姚珏[106]、郭梦婕[122]、柏卉[123]分别参考《上市公司环境信息披露指引》《上市公司环境信息披露指南（征求意见稿）》《环境信息公开办法（试行）》《2 号准则》《企业事业单位环境信息公开办法》（环保部令　第 31 号）等文件构建了指标体系。周子娴[124]参考上述文件，基于戴明环“战略制定—战略执行—结果取得—内外反馈”（PCDA）的逻辑框架，构建了指标体系。周叶[125]参考全球报告倡议组织（GRI）《可持续发展报告指南》（G4 版）、《国家重点监控企业污染源监督性监测及信息公开办法（试行）》和前述文件构建了包括环境资产、环境负债、环境收入、环境费用、可靠性、可比性、完整性七大方面 19 项指标的评价体系。孙逸文等[126]参考《中国企业社会责任报告编写指南 3.0（CASS-CSR3.0）之石油化工业指南》、全球报告倡议组织（GRI）《可持续发展报告指南》（G4 版）和《油气行业可持续发展报告指南（2010 版）》（IPIECA/API 2010）中的环境指标构建了指标体系。

除借鉴国际组织、国家相关部门有一定约束性、指导性的技术规范外，也有部分专家借鉴社会机构制定的相关规范构建评价体系。张山[78]参考和讯网社会责任信息披露评级以及分级赋权的方法，构建了包括披露形式、环境投入、环境管理、环境成本、环境负债、绩效评价与环境治理修复、政府监管与环境审计七大方面 22 项指标的评价体系。陈玲芳[127]、张秀敏等[128]均采用润灵环球企业评级机构发布的上市公司社会责任评分下的“环境”分指数，直接作为 EDI 指数；高科[129]根据润灵环球企业对食品饮料行业社会责任评价的评价指标，构建了指标体系。

（2）结合前人研究自选构建

也有很多学者基于前人成果结合自身理解构建评价指标体系。Wiseman[130]构建了包括经济因素、违法情况、污染治理、其他信息四大类环境信息 18 项指标的评价体系。龚明晓[44]从基本环境信息、环境会计信息、环境资源情况、环境治理表现四方面构建评价体系。王丹[20]构建了包括环境财务信息（环境资产、环境负债、环境收益、环境支出）和环境绩效信息（污染物排放达标、节能减排、单位产品/产值能耗和绿化问题）两大部分的评价体系。任月君等[38]构建了包括治理结构和管理系统、可靠性、环境绩效指标、环境支出、愿景及战略性声明、环境现状、自发环保行为七大方面 39 项指标的评价体系。彭珏等[131]构建了包括披露方式、载体、水平、环境管理、成本、治理等十方面 34 项指标的评价体系。向春华[55]构建了包括经济因素、诉讼、污染减轻和其他四大类共 18 项指标的评价体系。王建明[69]构建了包括环境政策、环境责任、企业环境保护、环境信息质控、统一信息产生制度、特殊环境信息补充披露、明细易读七大方面 22 项指标的评价体系。舒岳[132]构建了包括环境政策、环境责任、环境保护、环境信息质控、特殊环境信息补充披露的评价体系。Beck 等[101]提出了环境信息披露的 CONI 方法，包括与环境有关的一般披露、环保责任人情况披露、污染情况等十二大方面 48 项指标的评价体系，该方法主要用于不同国别间企业环境信息披露质量比较；李东[102]使用该方法，对中美制药企业环境信息披露情况进行了对比。毕茜等[133]构建了包括环境管理、环境成本、环境负债、环境投资、环境业绩与环境治理、政府监管与机构认证六大方面 22 项指标的评价体系。田云玲等[134]构建了包括战略信息、财务信息、非财务信息三大方面总共 28 项指标的评价体系，对上市公司自愿性环境信息披露进行了评估。傅鸿震[135]建立了包括环保理念、方针和目标、环保内控制度、环境事故及与环境有关的诉讼情况等十方面指标的评价体系。姜艳等[136]建立了包括环境法规执行情况、环境质量情况、环境治理和污染物利用情况、与环境有关的财务信息四大方面 17 项指标的评价体系。赵梓岑[137]建立了包括企业环境保护方针、环境污染与资源耗用情况、环境管理活动、环境污染治理成效四大方面 16 项指标的评价体系。郭琦等[138]建立了包括环保财务信息、环保非财务信息两大方面 21 项指标的评价体系。张丹丹等[139]建立了包括环境管理、环境财务、环境绩效、环境治理、监督与认证五大方面 19 项指标的评价体系。刘金彬等[140]结合会计学六要素论，建立了包括环境资产、环境负债、环境投资、环境成本、环境收益、环境绩效六大方面 26 项指标的评价体系。谯思悦[141]初始建立了包括人员维度、社会维度、组织维度三大方面 17 项指标的评价体系，进一步通过主成分分析法，将 17 项指标归并成政府效能、盈利情况、高层背景、人员组成、社会环境、地理位置六项影响因素，并验证其会对上市公司环境信息披露质量产生的影响。王子元[142]以“驱动力—压力—状态—影响—响应”（DPSIR）模型为框架，建立了包括环境经营业绩、环境管理业绩等十九大方面 42 项指标的评价体系。

2.2.3 环境信息披露水平影响因素分析

2.2.3.1 影响因素种类与指标

国内外相关学者对上市公司环境信息披露的影响因素开展了大量研究。总体可以分为外部因素和内部因素两大类，外部因素包括政府监管压力（法律法规要求）、市场竞争压力（拓展市场份额、融资需要）、社会监督压力、媒体监督压力等；内部因素包括公司规模、企业效益、行业特性、公司特征、治理结构、所有权结构等[143]。基于 2.1 节介绍的理论及相关学者开展的实证研究，总体上对上市公司环境信息披露产生影响的前因条件的识别，从理论上到实选上都有一定的共识，但是，选定不同的国家、行业和企业范围，应用不同方式方法构建 EDI，针对同一前因条件选用不同的代理变量，各影响因素是否成立、影响方向和程度等，相对来说共性不太多、争议（得出矛盾结论的研究）不少。齐萱[144]认为，影响因素对环境信息披露水平的作用机理较复杂，可能因为不同国家或者地区的经济、文化、政治等因素、样本的选择、研究设计的差异，使得影响因素显著与否以及作用方向出现差异。

Solomon 等[145]、邹立[146]认为关于环境信息披露的动因主要包括市场动因、社会动因、政治动因和责任动因四方面。Lee 等[147]提出环境信息披露的动因主要有社会层面（法律和政策，合法性和公众压力）、企业或行业层面（企业特质，利益分析）和个体（文化和意识）的因素。

外部影响因素方面。Liu 等[52]发现中国上市公司环境信息披露的出发点主要是满足政府要求，而受股东和债权人影响较小。Sharfman 等[148]认为银行在贷款审核中对企业进行的环境风险评价是推动企业披露环境信息的重要外部动力。王建明[69]认为外部压力是企业进行环境信息披露的主要动力，主要来源于政府压力和公众压力，政府压力是硬约束、直接压力，公众压力通过舆论或市场行为实现，是软约束、间接压力。尚会君等[149]认为监管法规对环境信息披露水平影响大，而行业因素影响小。Freedman 等[150]对比了签订《京都议定书》协议的国家和没有签订协议的国家上市公司温室气体排放披露情况，发现签署国家披露状况好于未签署国家，即政策因素对环境信息披露有积极影响。武剑锋[41]选择政府（行业监管法律水平、政府环境监管水平、环境补贴）和社会（媒体监督水平和行业内竞争水平）两个层面的影响因素，研究发现上述因素对企业环境信息披露均有影响。唐国平等[151]研究发现《环境保护税法》实施后，上市公司环境信息披露水平显著提升；宗子薇[152]的研究也印证了这一观点。部分学者专门研究了舆论监督和媒体关注对上市公司环境信息披露水平的影响，代理变量无论是使用网络或报纸媒体关注数量指标[129,153,154]，还是使用 Janis-Fadner 系数（J-F）将媒体报道倾向性与数量指标结合[98,117]，均得出了媒体监督会提升信息披露水平的结论。任月君等[38]研究了包括舆论压力、政治压力、制度压力、信贷压力和社会声誉五方面外在压力对环境信息披露水平的影响。

内部影响因素方面。熊家财[110]认为公司特征、所有权性质、治理结构等企业内部因素是影响环境信息披露的重要因素。齐萱[144]认为对企业环境信息披露产生影响的主要是公司特征因素和公司治理因素，前者包括公司绩效、公司规模、行业类型、公司财务杠杆等，后者包括公司控制人性质、两职是否合一、境外上市等。卢馨等[155]认为公司规模、所有权性质对企业环境信息披露影响较为显著。唐久芳等[156]认为公司盈利能力、企业规模与环境信息披露水平正相关，发展能力、负债程度对环境信息披露无显著影响。杨凤鸣等[157]主要研究了公司特征和企业性质两个因素的影响，发现企业规模、国有化程度和行业性质特征对环境信息披露有显著正向影响，企业财务状况影响不明显。赵邦华[158]以沪市钢铁行业上市公司为例，研究发现公司发展能力、国有股比例、独立董事比例、公司所在地经济发展水平对环境信息披露有着显著影响。Cong 等[159]研究发现两职合一和股权集中度高对企业环境信息披露有显著负向影响，不仅隐瞒不利环境信息，甚至编造假环境信息欺骗政府和社会。Brammer 等[160]以英国上市公司为例，研究发现股权集中度高对公司环境透明度有负面影响。Zeng 等[161]研究了 2005—2008 年中国制造业上市公司环境信息披露水平，发现控股人为国有性质起显著正向作用。

除使用前述各项原始的有现实意义的因素外，也有学者使用主成分分析等方法将原始的现实因素合成为数量更少、在某种程度上解释力更强的二次加工的影响因素，代入模型进行分析解释，如钱伟[81]和丁梦云[162]开展的研究。

也有学者研究了阻碍环境信息披露的因素。Solomon 等[145]认为部分环境信息包含敏感信息，环境信息提供者与使用者之间的认知落差可能是催生误解的因素。Chau 等[163]认为信息需求不够、信息披露成本太高是制约因素。

部分学者以环境信息种类进行分别分析。孟晓华[37]认为盈利好的公司倾向于自愿披露更多环境信息以塑造形象，而在强制性披露要求下，盈利差或环境绩效差的企业为满足要求倾向于披露较多软性信息以显示其环境合法性。

除上述理论层面分析较多、实践层面研究案例较多的内部和外部因素外，部分学者还选择了很多其他类别的影响因素进行评估研究。如毕茜等[164]以上市公司总部距离寺庙远近，丁梦云[162]以距离上市公司一定范围内的全国重点寺庙数量分别作为代理变量，研究了传统文化因素的影响。田云玲等[134]和潘欣远[165]研究了对公司进行审计的会计师事务所的规模与性质的影响，田云玲等[134]还研究了公司是否为境外上市的影响。部分研究人员针对上市公司高管背景特征对信息披露水平影响开展专门研究，王莲[121]将高管团队的规模、平均年龄、受教育程度、领取薪酬、高管人数作为前因变量，张丹丹等[139]将高管的任期、薪酬和持股比例作为前因变量，权亚文[166]将高管团队知识储备程度、女性高管团队年龄等作为前因变量，潘欣远[165]另将 CEO 性别也纳入研究。赵帆[45]使用市场进程化指数作为代理变量，研究了区域市场化程度的影响。王小红等[167]选用现金净利比、赵雪梅[168]选用现金流量分别作为代理变量，研究了企业现金实力指标的影响。魏婉婷[114]、李静[115]、苗朝阳[169]、郭琦等[138]研究了是否专门编制发布环境责任报告的影响。还有学者研究了是否有风险投资机构介入[88]、机构投资者持股情况[170]、企业创新投入情况[171,172]、企业对前五名客户依赖程度[71]等各种特色条件的影响。

挑选近年来本领域研究，对外部因素和内部因素各自选用范围较广的前因因素，其影响程度和方向情况总结如表 2-1 所示。

表 2-1 近年信息披露水平影响因素的研究情况总结（表中数字代表支撑案例数量）

影响因素		正向	负向	无影响
类别	具体因素			
外部因素	监管压力	11	0	1
	公众压力	4	0	0
	区域经济	5	4	8
	行业差异	12	0	3
内部因素	公司规模	28	1	2
	所有权性质	18	4	8
	股权集中度	9	8	9
	董事会规模	2	1	3
	独立董事人数/比例	13	1	13
	监事会规模	5	0	5
	两职合一	3	6	10
	公司业绩	15	8	14
	公司负债	11	11	11
	发展能力	1	4	6

注：限于篇幅原因，表 2-1 是简化后的表格，原始表格见表 2-2（表 2-2 不计入正文篇幅）；但由于表 2-2 中每一篇研究结果都有参考文献支撑，故虽然表 2-2 不计入正文篇幅，但表 2-2 中参考文献纳入正文排序。

从表 2-1 分析可知，总体来讲，诸如监管压力、公众压力等外部因素（如果影响因素代表指标及其量化过程选择合适）一般来讲都是会产生正向影响的，而内部因素［除公司规模外（绝大部分研究均支持公司规模因素产生正向影响）］相对来说影响的方向、程度争议较大。

表 2-2 近年信息披露水平影响因素的研究情况总结

影响因素		正向	负向	无影响
类别	具体因素			
外部因素	监管压力	李正等[63]、尚会君等[149]、Freedman 等[150]、毕茜等[133,164]、王建明[64,69]、Liu 等[52]、Menguc 等[173]、侯蕴慧[174]、沈洪涛等[98]、陆雪艳等[48]		刘敏[175]
	公众压力	李正等[63]、沈洪涛等[98]、刘咪[176]、白雪[153]		
	行业差异	王璐[56]、蒋麟凤[35]、杨凤鸣等[157]、王建明[64,69]、Liu 等[52]、李正[65]、尤嘉宁等[94]、李晨光[91]、邹立[146]、姚静怡[93]、姜艳等[136]、孟晓华[37]		尚会君等[149]、付茂旭[50]、王倩倩[177]
	区域经济	卢晓苹等[84]、田云玲等[134]、姚静怡[93]、姚翠[178]、赵宝福等[120]	赵帆[45]、刘敏[175]、李蓓[179]、刘咪[176]	王思思等[62]、赵梓岑[137]、唐久芳等[180]、尤嘉宁等[94]、何丽梅等[109]、姜艳等[136]、孟晓华[37]、黎睿[30]
内部因素	公司规模	王璐[56]、付茂旭[50]、蒋麟凤[35]、Freedman 等[150]、唐久芳等[156,180]、杨凤鸣等[157]、毕茜等[164]、卢晓苹等[84]、黄嫦娇[172]、李晚金[87]、王思思等[62]、王丹[20]、赵梓岑[137]、侯蕴慧[116]、李正[65]、张猛[90]、徐霞等[85]、尤嘉宁等[94]、李晨光[91]、杨洋[181]、司林[182]、向春华[55]、熊家财[110]、邹立[146]、姚静怡[93]、沈洪涛等[43]、卢馨等[155]	苗朝阳[169]	王倩倩[177]、曹月璐等[183]
	所有权性质	付茂旭[50]、杨凤鸣等[157]、赵邦华[158]、毕茜等[133,164]、王思思等[62]、Zeng 等[161]、黄珺等[184]、路晓燕等[185]、张猛[90]、向春华[55]、熊家财[110]、刘洋等[92]、赵帆[45]、孟晓华[37]、赵梓岑[137]、李余晓璐[72]、卢馨等[155]	田云玲等[134]、任月君等[38]、周腾飞[186]、杜淼淼[71]	李晚金[87]、侯蕴慧[116]、李正[65]、司林[182]、姚静怡[93]、何丽梅等[95]、李蓓[179]、黎睿[30]
	股权集中度/高管持股比例	舒岳[132]、王思思等[62]、黄珺等[184]、路晓燕等[185]、尤嘉宁等[94]、向春华[55]、邹立[146]、姚静怡[93]、郭秀珍[187]	蒋麟凤[35]、Cong[159]、Brammer 等[160]、徐霞等[85]、赵梓岑[137]、尹梅[188]、王倩倩[177]、魏婉婷[114]	舒岳[132]、卢晓苹等[84]、李晚金[87]、Liu 等[189]、赵梓岑[137]、姜艳等[136]、权亚文[166]、吴琼[190]、黎睿[30]
	董事会规模	毕茜等[164]、蒙立元等[191]	叶圣楠[88]	付茂旭[50]、向凯[119]、郭秀珍[187]

影响因素		正向	负向	无影响
类别	具体因素			
内部因素	独立董事人数/比例	赵邦华[158]、毕茜等[133,164]、王丹[20]、Beasley[192]、Chen 等[193]、刘立国等[194]、张猛[90]、杨洋[181]、司林[182]、姚翠[178]、张山[78]、唐甜等[195]	苗朝阳[169]	付茂旭[50]、蒋麟凤[35]、李晚金[87]、王思思等[62]、向春华[55]、熊家财[110]、叶圣楠[88]、王亚男[196]、姜艳等[136]、王小红等[167,197]、周腾飞[186]、曹月璐等[183]
	监事会规模	毕茜等[133,164]、王丹[20]、李余晓璐[72]、赵雪梅[168]		付茂旭[50]、郭秀珍[187]、周腾飞[186]、张山[78]、刘咪[176]
	两职合一	王思思等[62]、王倩倩[177]、陈颖[198]	Cong 等[159]、毕茜等[164]、蒙立元等[191]、周腾飞[186]、李苗苗[199]、宋鹏姬[200]	蒋麟凤[35]、李晚金[87]、赵梓岑[137]、张猛[90]、司林[182]、向春华[55]、熊家财[110]、郭秀珍[187]、姜艳等[136]、张山[78]
	女性高管占比			付茂旭[50]、王丹[20]
	高管平均年龄	付茂旭[50]		
	高管学历	权亚文[166]		王丹[20]、毕茜等[164]
	公司业绩	唐久芳等[156,180]、黄嫦娇[172]、李晚金[87]、王丹[20]、毕茜等[164]、汤亚莉等[86]、赵梓岑[137]、侯蕴慧[116]、田云玲等[134]、杨洋[181]、司林[182]、熊家财[110]、邹立[146]、姚静怡[93]	毕茜等[164]、Jaggi 等[201]、徐霞等[85]、姜艳等[136]、周腾飞[186]、郭琦等[138]、李蓓[179]、陈茜[202]	杨凤鸣等[157]、蒋麟凤[35]、卢晓苹等[84]、王思思等[62]、李正[65]、尤嘉宁等[94]、向春华[55]、何丽梅等[95]、刘洋等[92]、孟晓华[37]、王小红等[203]、尹梅[188]、郑春美等[204]、赵宝福等[120]
	公司负债	卢晓苹等[84]、毕茜等[133]、李正[65]、李晨光[91]、何丽梅等[95]、张俊瑞等[205]、李余晓璐[72]、周腾飞[186]、尹梅[188]、赵宝福等[120]、曹月璐等[183]	唐久芳等[180]、赵梓岑[137]、杨洋[181]、姚静怡[93]、Orlitzky 等[206]、王小红等[203]、刘敏[175]、郑春美等[204]、聂建平[207]、吴琼[190]、宋鹏姬[200]	黄嫦娇[172]、李晚金[87]、王思思等[62]、王丹[20]、Liu 等[189]、唐久芳等[180]、田云玲等[134]、向春华[55]、邹立[146]、傅鸿震[135]、刘洋等[92]
	发展能力/市场份额	杨洋[181]	赵梓岑[137]、赵雪梅[168]、李静[115]、杜淼淼[71]	唐久芳等[180]、姚翠[178]、王小红等[203]、赵宝福等[120]、李蓓[179]、黎睿[30]
	环保认证	卢晓苹等[84]		王亚男[196]
	独立环保机构	卢晓苹等[84]、李余晓璐[72]		赵梓岑[137]
	会计师事务所	田云玲等[134]		
	污染事故	卢晓苹等[84]		

从开展实证研究的行业和企业范围选择来说，绝大部分都选择传统污染行业及某一细分行业，但近年来也有逐步拓展到农业、餐饮业、食品饮料业、房地产业等非传统污染行业的趋势，不过研究案例仍较少。经初步梳理相关文献，选取重污染行业整体作为研究对象的有 26 例，其中化工 6 例，矿业 5 例，火电 5 例，钢铁 4 例，制药 3 例，造纸 2 例，石油 1 例；农业 2 例，房地产业 2 例，餐饮业 1 例，食品饮料业 1 例。上述针对不同行业研究中，EDI 构建模式和方法基本一致，整体上对行业差异性、特征性体现较少。

2.2.3.2 影响因素定量评估方法

在上市公司环境信息披露水平影响因素定量研究中，绝大部分使用的是线性回归方法，也有部分研究使用神经网络分析、数据包络分析（DEA）等其他种类的模型，但数量相对较少。武剑锋[41]、王建明[69]、王丹[20]、王思思等[62]、李晚金[87]等绝大多数学者使用的都是多元线性回归方法；李正[65]和刘敏[175]使用两阶段最小二乘法；黎睿[30]使用了面板回归分析方法；余婷[83]使用了门限回归方法；邹立[208]、唐久芳等[180]、王亚男[196]使用了 Logistic 回归模型；叶圣楠[88]和刘敏[175]使用了 Logit 回归模型；孟晓华[37]使用了 Tobit Model 分析模型，解决受限因变量的分析问题；李静[115]使用固定影响变截距回归模型；Orlitzky[206]使用了元分析模型；周子娴[124]针对在 A 股和 H 股双重上市的上市公司，使用双重差分模型对比了实施前后环境信息强制性披露政策的促进作用；韩璐[209]使用 RBF 神经网络分析联合抗扰动法，分析了公司规模、盈利能力、所在地点和控股性质四个因素的影响程度；钱伟[81]使用 BBC 模式的 DEA 模型分析了 5 项因素的影响。

2.2.4 定性比较分析方法

定性比较分析方法是一种在社会学和政治学领域应用较多，主要用于探索多因并发性复杂社会问题的因果机制的分析方法[210]。定性比较分析综合定性研究中对少数案例进行深描与定量研究中对大规模样本进行统计分析两方面有各自的优势，分析多因素共同作用对复杂社会现象的影响机理可以使用定性定量相结合的方法[211]。以组态分析思维取代由各单变量效应叠加的定量分析思维，以集合之间的逻辑关系替代定量研究中的相关关系，将整体认识与集合分析思想纳入研究，为检验或探寻社会问题生成的前因条件以及交互关系提供了有力工具[212,213]。QCA 方法目前已形成了包括清晰集定性比较分析（Crisp-Sets QCA，csQCA）、模糊集定性比较分析（Fuzzy-Sets QCA，fsQCA）、多值集定性比较分析（Multivalue QCA，mvQCA）、时序性定性比较分析（Temporal QCA，tQCA）

在内的四种具体操作方法[214]。

张驰等[215]认为定性比较分析法可帮助解决三类难题：探究引致同一结果的多种路径、处理多个前因间复杂的互动关系以及对分类方法做出深化和补充；并提炼出六大优势：对样本量和数据来源要求较低、便于应对前因复杂性、主张因果非对称性、无须对跨层变量进行特殊处理、降低现象复杂性和可完整解读案例。对其在环境信息披露影响因素分析领域应用潜力来说，主要有三方面：一是目前环境信息披露政策环境复杂，企业受到的影响和考虑错综复杂，传统以线性因果关系为基础的定量统计分析方法难以做出全面合理解释[215,216]，尝试探索出自变量间相互组合产生的“化学反应”；二是组态分析可以更好地处理因果关系的非对称性，即绩效高的原因与绩效低的原因可能不同；三是可以应用在分析组织绩效问题[217]上，而环境信息披露水平可视为组织绩效问题。

定性比较分析早期研究领域主要集中在党派政治、福利国家、公共管理、政府治理、规则制定和政治社会学等领域[218]，后续逐步拓展到突发公共事件应对、政策工具选择、治理效果评价和企业管理绩效评价等方面[216]，研究对象覆盖事件、政策以及国家、地区、企业和个人等。在传统政治学与国际关系学领域，刘丰[219]、贺孝康[220]介绍了 QCA 方法在战争、冲突和威慑等国家策略制定领域中的应用。在政策制定与评估层面，主要研究有国家能源政策对电力价格的影响[221]、政策爆发性扩散生成机理[222]、政策转移中政策再生产（政策的创新与完善）的影响因素[223]、政府研发补助对企业创新效率提升的影响[224]、综合性政策对科技创新效果的影响[225]等。在社会现象与社会事件层面，主要研究有腐败等社会现象的文化根源[226]、拆迁抗争中的媒体影响[211]、网络群体性事件爆发机理[227]、互联网与集体抗争之间的关系[228]、邻避效应事件结果的影响因素[214]与邻避效应事件应对政策工具选择[210]等。在国家与区域层面，主要研究有国家产业升级的影响因素[229]、地方政府信息公开的影响因素[230]、跨境电商综试区的设立模式选取[231]等。在企业层面，主要研究有央企管控架构配适性选择[232]、央企集团控制体系与集团战略发展要求的符合性[233]、私营企业家身份体系对创业导向的影响[234]等。在个人层面应用于医务人员心理素质的影响因素识别与评估[235]等。总体来讲，该方法应用近年来发展较快，研究领域逐步拓展，研究案例数量增长较快。

在专门针对上市公司相关的研究中，定性比较分析方法研究案例仍相对较少，总数不超过 20 篇，主要应用于上市公司败德[236]、财务舞弊[237]、企业失范[238]等行为的发生机理研究，以及审计内容对企业资产变化[239]的影响、公司投资者对公司兼并重组公告的认知与反应[240,241]、内部控制缺陷[242]、文化差异对跨国并购绩效的影响[243]、家族企业亲属关系对公司治理效率[244]的影响、本土企业技术赶超模式[245]、社会网络对海归企业创新绩效的影响[246]、创业企业非线性增长因素[247]、企业管控架构选择[232]、银行公司治理绩效[232]等各种复杂现象的发生机理和影响因素研究。

在方法应用方面，除了单独应用，定性比较分析也常被用来和其他研究方法一起使用。近年来，多种方法的混合研究（mixed-methods designs）在社会科学领域成为一种新的趋势[248]。在研究实践中，一些研究者也同时使用定性比较分析和其他研究方法，不少学者同时运用了统计分析和定性比较分析[249]。Kiser 等[250]使用 Logit 回归和清晰集定性比较分析方法研究统治者自治与战争发动之间的关系。Mathias[251]使用多元线性回归和清晰集定性比较分析方法，对欧盟 15 国在外交和安全政策合作的体制深度方面的偏好进行了分析。Breitmeier 等[252]使用多元线性回归和清晰集定性比较分析方法，以“奥斯陆-西雅图”等两个项目为例，分析了国际环境制度的有效性。赵文等[224]同时使用数据包络分析中的 MinDS 模型与模糊集定性比较方法分析了政府研发补助对企业创新效率提升的影响。张茜[253]应用 Logit 回归和模糊集定性比较分析方法，研究了国内上市公司选择披露或不披露社会责任报告的影响因素和机理。

在上述所有研究中，与本研究主题有部分相似的主要是两项研究：第一项是张茜[253]应用模糊集定性比较分析方法和 Logit 回归方法，研究了影响国内上市公司选择披露或不披露社会责任报告的因素和机理，但该研究与本研究拟开展的研究有明显差异，一是并非专门针对环境信息披露，二是评估的目标也仅是是否制定并发布了社会责任报告这一行为，而没有对实际披露质量进行研究评估。第二项是许鹿等[230]以某省 88 个县级政府为研究对象，运用清晰集定性比较分析方法研究了政府信息公开的影响因素，该研究主体是地方政府而非企业。总体来讲，目前使用定性比较分析方法针对上市公司环境信息披露质量（水平）的影响因素进行分析的研究，仍未见开展。

2.2.5 文献述评

第一，关于环境信息披露指数的构建，缺乏学界与实务界的共识和评价基准，研究的科学性与实践性有所割裂。具体表现在以下几个方面。

①现有方法构建精于“相对测度”的比较，但是疏于“绝对测度”的评判，研究成果对于实务中关注的回应和实践应用不足。从现有研究可知，EDI 构建的思路、方式和依据丰富多样，能出于多种目的、从多种角度对企业（上市公司）环境信息披露的水平进行相对优劣、好坏的比较，但总体上各套标准缺乏内核的比较“基准”，即从图 1-5 来

看，在回答“哪些企业披露符合要求、哪些企业披露不符合要求”“纳入评估指标体系的每项指标是否同向，且全部能够反映 EDI 构建总体定位”等更基础、需要“绝对测度”结果支持的一些问题时，难以给予正面的、直接的、确定性的答案，而这些基础问题反而是外界信息接受者和使用者、投资者和监管者等最关心的问题，导致目前研究成果的实践应用较少。比如据笔者所知，目前相关成果中，除余婷等[82]参照《2 号准则》构建的“形式合规性”评价指标体系所得到的评估结果，被原环保部以正式文件形式提交证监会，上交所和深交所督促“未合规披露”的上市公司合规披露外，其他成果较少见于监管、评奖等实践应用中。所以，选择对了合适的研究切入点，之后一个层面才是方法是否科学有效。目前国内对研究出发点和角度的不重视，可能也是不同学者即使开展相似的研究也较难得出一致结论的原因。刘金彬[254]也认为研究方法不是症结所在，观察问题的视角可能更为关键。

②研究在部分层面滞后于实践进展，科研与实践存在信息隔阂。除去纯粹科学性层面的分析与思考，诸多研究在尝试与现实法律法规要求和上市公司实务结合时，存在信息不对称性，对于目前（当时）最新且实际有效的法律法规掌握不足，在参照环保与证券（财务）相关法规标准构建指标体系时，部分研究甚至还在使用十多前年发布的、从未正式发布产生法律效力的征求意见稿，以及至少已经更新过两版新稿的旧版本文件，在实践中企业不可能使用早已改版的文件作为信息披露依据。

第二，关于影响因素有效性评估方面，现有研究总体来讲具有共识的结论相对较少，如表 2-1 对于部分研究结果的总结所示。初步考虑有如下原因。

①本领域内在属性使然。齐萱[144]也认为，影响因素对环境信息披露水平的作用机理较为复杂，可能因为不同国家或地区的经济、文化、政治等因素、样本的选择、研究设计的差异，使得影响因素显著与否以及作用方向出现差异。这些差异是客观存在的，影响因素有效性评估是一个具有长逻辑链、复杂因果的研究主题，出现争议本属正常。

②通过现有研究基本可以认定，影响因素在大部分情况下起效。总体来看，外部因素相对共识较强，如政府监管压力、社会监督压力、媒体监督压力等，无论代理变量如何选取，基本上均能够对信息披露水平产生较显著的正向影响；而表征企业特征的内部因素研究共识较弱，其中有一定共识的是公司规模，大多数研究结果支持公司规模越大越倾向于披露更多、质量更高的环境信息。

③现有主流研究方法存在一些欠缺，发现力与解释力受限。目前本领域使用较多的是各种形式的回归分析，其假设各种前因条件之间没有关联、不发生“化学反应”，研究

逻辑关注的是单个变量的“纯影响”，通过回归分析，排除他因，提炼出单个变量的真实影响效果；但现实中情况更复杂，经常出现多种情景导致同一结果、多个前因间产生复杂互动关系、因果间非对称等现象。所以，应强化单一因素对不同水平子群体的影响，以及多因素叠加对整体水平的影响。

第三，与和本研究有一定相似度的相关研究进行比较，本研究也有不同点和新开展的工作。

①余婷等[82][83]从合规性角度，初步构建了上市公司环境信息披露合规性评估方法，但是仅限于第一个层面的形式合规性，未提出合规性的理论框架和合规性其他方面的评价标准。

②现有研究多将各方面考虑属性通过纵向方式（外延式纳入）构建 EDI，本研究以横向方式（内涵式纳入）为主通过纵横结合方式纳入 EDI 构建。

③定性比较分析方法尚未在环境信息披露影响因素评估领域应用过，本研究拟开展这方面尝试。

④目前本领域研究对象多选取重污染行业及其具体细分行业，对于未来要履行环境信息强制性披露义务的非制造业（如房地产、金融业、服务业等相关行业），本研究构建统一合规性评估框架体系，同时对污染行业和以房地产行业为代表的非制造业使用统一框架进行研究。

3 上市公司环境信息披露合规度评估及影响因素评估方法框架

本章 3.1 节分析设计了上市公司环境信息披露“合规性”评估的理论框架、评估方法框架，为后续两章分别针对属重点排污单位类上市公司和房地产类上市公司两类主体开发各自的“合规性”评估方法奠定基础；本章也对后续两章开展信息披露水平影响因素分析所选用的方法和因素种类的总体情况进行了介绍。

3.1 环境信息披露合规度评估方法框架设计

3.1.1 理论框架构建

本节从理论层面分析、阐释和界定环境信息披露“合规”这个概念，基于概念分析设计“合规性”评估框架，把科学研究搭建在社会常识、社会公理上，使科学性与实践性能够更好地从源头结合在一起。

我们可以将“评价上市公司环境信息披露的质量（水平）”这一科学命题，以如下一个现实日常生活中的假想场景进行简化，即视为一个人在某种相对正式、有明确主题需求的场景下讲话，我们对这个人在这个场景、此种需求下的讲话质量（水平）、沟通质量（水平）进行评估，如汇报工作场景、招聘面试的自我介绍场景等。总体来说，我们可以从如下几个方面来评估讲话质量：第一方面是是否说了；第二方面是表述是否全面，即该场景需求下和职责上应该讲的内容，包括听众可能关心的重要点，是否都讲到了；第三方面是用语表达、遣词造句、材料引用、数字标注等是否清晰规范、是否贴合这个场景的需要，是否贴合听众的知识背景和理解水平；第四方面是讲的内容，尤其是关键信息点是真是假。如果说这四方面基本都能做到，那么这次沟通就是一次比较有效的沟通，至少是一次能够达到“合格”标准的沟通。

基于上述理论分析，我们将环境信息披露的“广义合规性”界定为形式合规性（说没说）、全面性（表述是否全面）、规范性（表述是否规范、贴切）、真实性（表述是真是假）这四个方面，这也是一种逻辑上的递进关系。框架如图 3-1 所示。

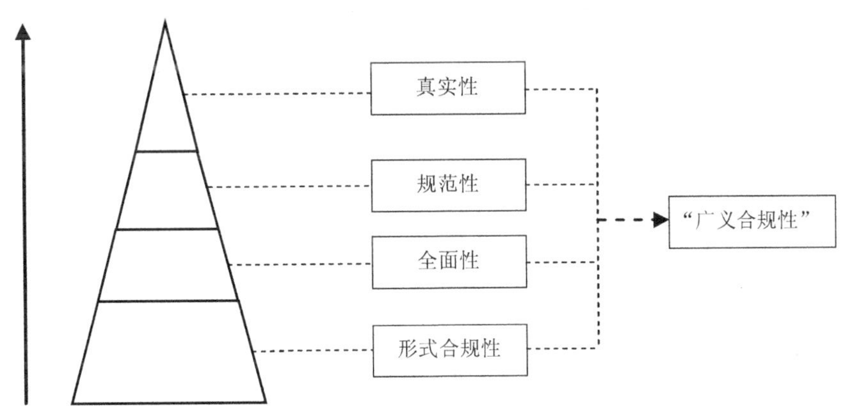

图 3-1 环境信息披露“广义合规性”评估框架

3.1.2 评估方法框架构建

本节基于 3.1.1 节的理论框架，具体设计上市公司环境信息披露“合规性”评估的方法框架。基于 2.2.2.2 节和 2.2.2.3 节分析，构建评估方法（EDI）主要包括选择评估角度及选型、具体评估指标选取、指标量化表征和形成综合指数三大方面五小方面，本小节逐一叙述。其中，评估角度就是“合规性”，本节不再赘述；形成综合指数，本研究均采用直接加总法；本节主要介绍下面 3 个小方面：评价指标选取、评价属性与评价指标的结合方式（选型）、打分点打分细则设计（指标量化表征）。

方法框架的设计，要求将“合规性”主题充分体现和融入上述 3 个具体方面，即每一项评价指标的选取、每一项指标的评价属性、每一个打分点打分细则的差异，都应该有强制约束性、鼓励自愿性的环保或证券（财务）方面的规定作为支撑，即“合规性”评估方法构建的重要难点是能够找到所有评估内容对应的可直接或间接参考的法律、法规、标准、规范、指引、导则等方面的依据，这些规范文件是上市公司开展信息披露实践时，或必须或自愿依据的标准。另外，在评价属性与评价指标的结合方式、打分点打分细则设计两方面，要能够充分体现出披露好坏的区分度，保障科学性。

（1）关于评价指标选取

关于现行有效制度识别。目前，我国关于上市公司环境信息披露的要求，处于强制性与自愿性相结合，但快速向强制性转变的过渡性（转型）阶段。具体来讲，2017 年，中国人民银行等七部委印发的《落实〈关于构建绿色金融体系的指导意见〉的分工方案》，对于上市公司环境信息披露推进提出了“三步走”要求：第一步“到 2017 年 12 月底之前，要求（母公司）属于重点排污单位的上市公司强制披露环境信息”；第二步“到 2018 年 12 月底之前，要求母公司与重要子公司属于重点排污单位的强制披露环境信息，其他公司不披露就解释”；第三步“到 2020 年 12 月底前，要求所有上市公司强制披露环境信息”。另外，按照党的十九大报告要求，生态环境部牵头制定了覆盖重点企业的《企业环境信息强制性披露改革方案》。按照制度方向，未来我国全部上市公司都要强制披露环境信息，即未来强制披露模式下的“合规性”评估也是重要内容。从当下这个过渡（转型）阶段来说，证监会在 2016 年年底和 2017 年年底，分两次修订了《公开发行证券的公司信息披露内容与格式准则第 3 号——半年度报告的内容与格式（2016 年修订）》《公开发行证券的公司信息披露内容与格式准则第 2 号——年度报告的内容与格式（2017 年修订）》，其中第四十二条、第四十条要求“属于环境保护部门公布的重点排污单位的公司及其子公司，应当根据法律、法规及部门规章的规定披露相关环境信息，具体包括……”。《2 号准则》和《3 号准则》要求（属于重点排污单位的）上市公司披露的环境信息如表 3-1 所示。

表 3-1　2016—2017 年《2 号准则》和《3 号准则》关于环境信息强制性披露的要求

对比项目	2016 年修订	2017 年修订
披露对象	重点排污单位的公司或其子公司	重点排污单位的公司或其重要子公司（其他公司不披露就解释）
《2 号准则》《3 号准则》要求上市公司披露的环境信息	主要污染物及特征污染物的名称、排放方式、排放口数量和分布情况、排放浓度和总量、超标排放情况、执行的污染物排放标准、核定的排放总量，以及防治污染设施的建设和运行情况等环境信息	（一）排污信息。包括但不限于主要污染物及特征污染物名称、排放方式、排放口数量和分布情况、排放浓度和总量、超标排放情况、执行的污染物排放标准、核定的排放总量。（二）防治污染设施的建设和运行情况。（三）建设项目环境影响评价及其他环境保护行政许可情况。（四）突发环境事件应急预案。（五）环境自行监测方案。（六）其他应当公开的环境信息
	公司已披露社会责任报告全文的，仅需提供相关的查询索引	有在临时报告中披露的应当说明后续进展或变化情况，如果后续实施无进展或变化的，仅需披露该事项概述，并提供临时报告披露网站的相关查询索引

对比项目	2016 年修订	2017 年修订
《2 号准则》《3 号准则》要求上市公司披露的环境信息	—	重点排污单位之外的公司若不参照上述要求披露其环境信息，应当充分解释说明原因
		鼓励环境信息核查机构、鉴证机构、评价机构、指数公司等第三方机构对公司环境信息进行核查、鉴定、评价，鼓励公司披露相关信息
	鼓励公司自愿披露有利于保护生态、防治污染、履行环境责任的相关信息	

关于重点排污单位（可近似认为是制造业）类上市公司，要求强制披露的内容就是《2 号准则》和《3 号准则》规定的内容。而关于非重点排污单位、非制造业类上市公司，诸如房地产业、金融业等行业上市公司属于“其他公司”，也要求参照《2 号准则》和《3 号准则》披露上述内容，同时“不披露就解释”；因为《2 号准则》和《3 号准则》要求披露的内容基本是排污类企业才有的，对于“其他公司”适用性很弱，所以大部分“其他公司”在披露实践中以“无此类信息”等解释，合理避开强制信息披露要求。即目前重点排污单位上市公司有清晰的法定强制披露内容，“其他公司”有强制披露要求，但尚无具体的、明确的、具备操作性的强制性披露的技术指标要求，未来会逐步补齐。

综上，在构建方法框架、选取“合规性”披露必须包含的内容指标时，关于重点排污单位类上市公司，直接从表 3-1 中选取（2017 年修订）相应内容即可。而关于非重点排污单位（非制造业）类上市公司，在目前暂无明确的技术规定的情况下，可以采取一些变通的办法，比如基于该类上市公司的理论环境行为、参考指导性环境信息披露导则等，筛选一些从理论上和实践上相关行业、种类的上市公司“应该”披露的环境信息种类，构建一个“虚拟合规”披露的评估指标体系等，是过渡时期的一种暂时性选择。

（2）关于评价属性与评价指标的结合方式（选型）

基于 2.2.2.2 节（2）中对已有研究中对评估角度与评估指标结合方式的分析可知，已有研究绝大部分是采取纵向方式（外延式纳入），如表 3-2 所示，极少部分研究采取横向方式（内涵式纳入），如表 3-3 所示。本研究将“广义合规性”细分为形式合规性、全面性、规范性、真实性 4 个方面评估角度，根据研究需求，初步设计采用纵横结合方式，如表 3-4 所示。

表 3-2 环境信息披露合规性评估方法框架（纵向方式）

<table>
<tr><th colspan="2">评估方面</th><th>评估指标</th><th>打分细则</th></tr>
<tr><td rowspan="8">广义合规性</td><td rowspan="2">形式合规性</td><td>指标 1</td><td></td></tr>
<tr><td>指标 2</td><td></td></tr>
<tr><td rowspan="2">全面性</td><td>指标 3</td><td></td></tr>
<tr><td>指标 4</td><td></td></tr>
<tr><td rowspan="2">规范性</td><td>指标 5</td><td></td></tr>
<tr><td>……</td><td></td></tr>
<tr><td rowspan="2">真实性</td><td>……</td><td></td></tr>
<tr><td>指标 n</td><td></td></tr>
</table>

表 3-3 环境信息披露合规性评估方法框架（横向方式）

<table>
<tr><th rowspan="2">评估指标</th><th colspan="4">评估方面（广义合规性）</th></tr>
<tr><th>形式合规性</th><th>全面性</th><th>规范性</th><th>真实性</th></tr>
<tr><td>指标 1</td><td>打分细则</td><td></td><td></td><td></td></tr>
<tr><td>指标 2</td><td></td><td></td><td></td><td></td></tr>
<tr><td>指标 3</td><td></td><td></td><td></td><td></td></tr>
<tr><td>……</td><td></td><td></td><td></td><td></td></tr>
<tr><td>指标 n</td><td></td><td></td><td></td><td></td></tr>
</table>

表 3-4 本研究方法框架拟采用形式（纵横结合方式）

<table>
<tr><th rowspan="2">评估指标</th><th colspan="4">评估方面（广义合规性）</th></tr>
<tr><th>形式合规性</th><th>全面性</th><th>规范性</th><th>真实性</th></tr>
<tr><td>指标 1</td><td>打分细则</td><td></td><td></td><td rowspan="5">打分细则</td></tr>
<tr><td>指标 2</td><td></td><td></td><td></td></tr>
<tr><td>指标 3</td><td></td><td></td><td></td></tr>
<tr><td>……</td><td></td><td></td><td></td></tr>
<tr><td>指标 n</td><td></td><td></td><td></td></tr>
</table>

在分别比较了表 3-2 和表 3-3 两种评估模式的优缺点，以及方法设计的可行性后，本研究选用表 3-4 所示的纵横结合的形式，主要是出于开展真实性评估所需要的数据可获得性、实际工作量、指标重要性三方面考虑。一是数据可获得性，以“防治污染设施的建设和运行情况、突发环境事件应急预案”等指标为例，基本上很难找到权威、可靠的信息来源，与企业披露情况进行对比，即企业披露的真实性难判断；二是实际工作量，以“主要污染物及特征污染物名称、排放方式、排放口数量和分布情况、排放浓度和总量”等获取途径较为集中、简单的指标为例，即使在排污许可信息公开平台上逐一查询，把

每一项指标企业披露情况与企业在排污许可中申报的实际情况进行对比，工作量都是巨大的，实难对过百家上市公司批量开展与完成；三是指标重要性，从环境监管与证券监管角度来说，大部分一般性指标“是否披露”比“是否真实披露”意义要大，只有是否受到重大环境行政处罚这一点例外，因为如果企业受到重大环境行政处罚，就代表其是性质十分恶劣的环境违法企业，与一般企业有重大差别，会受到诸多限制性、惩罚性政策措施和市场限制，其隐瞒不批露有重大利益动机，可以说是企业最不愿意“真实披露”但各方又最想知道的信息，而且从实践情况来看，企业即使受到重大环境行政处罚也确实很少披露。所以，选择是否披露重大环境行政处罚信息，是对于企业最倾向于隐瞒的环境信息是否“真实”披露的“试金石”，也是监管部门和市场最关心的信息；基于合适的数据来源，开展此项评估的工作量也适中。

综上所述，本方法构建采取表 3-4 纵横结合的模式，所有指标的形式合规性、全面性和真实性三方面属性，全部依据相关规范标准、逐一构建打分细则、逐一进行细致评估；而真实性，采用整体的一个指标——企业是否合规披露重大环境行政处罚信息整体表征，构建单一打分细则。

（3）关于每项指标、每个评估依据与打分点设置

分析与设计的总体逻辑。对于表 3-4 中每一个空格，每一个打分点设置，需要依靠《2 号准则》和《3 号准则》中环保方面的法规规定和技术标准，即挖掘“证券（财务）领域环境信息披露法规要求——环保领域环境信息公开法规要求——环保领域环境管理与治理技术要求”逻辑链条中最靠近环保技术端的技术要求与指标。必须搞清楚指标的属性，具体面临哪些方面的技术要求，才能设计好对披露进行评估的各个方面和具体得分点。

表 3-1 列举总结的是证券监管领域的《2 号准则》和《3 号准则》，是对上市公司最直接的环境信息披露内容要求；而《2 号准则》和《3 号准则》是直接参考和引用环保领域的《企业事业单位环境信息公开办法》（环保部令　第 31 号）第 9 条，重点排污单位应披露的具体环境信息内容，是直接应用的，所以二者主要内容一致；再往上回溯，是环保部 2017 年 11 月印发的《重点排污单位名录管理规定（试行）》（环办监测〔2017〕86 号），这个文件涉及比较多、比较深入的技术层面的标准、指标和考量，而这些指标和考量也正是本方法设计形式合规性、全面性和规范性三方面打分点的主要技术依据之一。另外，在设计打分点时，除参考《重点排污单位名录管理规定（试行）》外，还参考了《控制污染物排放许可制实施方案》《排污许可管理条例》《排污许可管理办法（试行）》（环

境保护部令　第 48 号)、《排污许可证申请与核发技术规范　总则》(HJ 942—2018)等排污许可系列制度文件与技术规范，以及相关环境信息类标准、污染排放类标准的规定。

按照“逻辑递进”关系设计形式合规性、全面性和规范性三方面属性，即只有形式合规得分，才有可能在全面性和规范性方面得分，全面性与规范性有联系也相对独立，即一般规范性（除极偶尔情况外）得分不超过全面性得分；真实性与前面 3 个属性完全独立评估。

①在形式合规性评价方面，主要是关注每项指标在前述法规标准范围内，是否达到一个最基本的披露底线水平。形式合规披露说明该公司对于该项指标所包含的主要内容，以某种方式叙述了其中的某些方面，即至少“实质性”地披露了该项指标要求披露的相关内容。以“主要污染物及特征污染物名称”指标为例，无论是水污染因子还是气污染因子，无论是主要污染因子还是特征污染因子，只要企业在信息披露内容中提到了污染因子的名称，即可视为形式合规披露。

②在全面性评价方面，主要是关注每项指标在前述法规标准范围内，法定要求应披露内容中最重要部分的披露程度。通过前述的重点排污单位、排污许可、排放标准等相关制度与技术标准体系，对表 3-1 要求披露的各项内容（评价指标）进行合理界定。例如，依据《重点排污单位名录管理规定（试行)》，重点排污单位分为水、大气、土壤、噪声和其他五类，每一类都有具体的列入指标和条件，根据企业所属的重点排污单位类别中相关内容的披露覆盖面，设置差别化分值，即假定两家企业披露内容完全相同，但所属重点排污单位种类不同，其相关指标全面性得分也会有所差异。以“主要污染物及特征污染物名称”指标的“全面性”为例，重点排污单位名录中的企业均属于水、大气、土壤、噪声、其他五种中的一种或几种需要披露本企业所有重点排污类型对应的“主要污染物及特征污染物名称”，比如同时属于水和气两类重点的 SO_2、NO_x、COD、氨氮等是必须披露的，而烟（粉）尘、VOCs、总磷、总氮等其他特征指标，也应该在评价披露是否全面的差别化得分考量之内。

③在规范性评价方面，主要是关注每项指标在现有法规标准和现有实践管理范围内，是否依据相应的标准或管理，以读者能够清晰理解的方式进行披露。主要参考排污许可、排放标准等相关制度与技术标准，也重点参考了《大气污染物名称代码》(HJ 524—2009)、《水污染物名称代码》(HJ 525—2009)、《排污单位编码规则》(HJ 608—2017)等环境信息类标准等。以“主要污染物及特征污染物名称”指标的“规范性”为例，主要检查企业披露的信息中提到的主要和特征污染因子名称，是否符合《大气污染物名称代

码》和《水污染物名称代码》的名称规范。

④在真实性评价方面，主要是关注企业是否披露重大环境行政处罚情况，此指标相对单一、清晰，所以，主要的技术内容是基于《行政处罚法》等法律法规、《环境行政处罚办法》等环保规章、《上市公司信息披露管理办法》等证券规章，界定重大环境行政处罚的标准，然后根据企业对于受处罚情况披露的形式、程度、实效等构建打分细则。

上述内容主要介绍了 4 个属性评估的方法框架和思路，而且 4 个属性所做的解释基本上以属重点排污单位的上市公司（制造业类、有排污行为）为主，因为其管理规范体系比较清晰，每一方面属性、每一个打分点评估比较容易找到现行的环保标准规范作参考。当然，对于其他行业、其他环保行为特性的上市公司主体来讲，评估的角度和方法构建的框架是一致的——在技术层面“找规范、找标准、找依据”。在 4.1 节针对属重点排污单位的上市公司合规性评估方法构建时，会通过更具体的分析，分别建立细化的评估方法。

3.2 环境信息披露水平影响因素评估方法构建

3.2.1 影响因素定量分析方法

主要使用多元线性回归、分位数回归和定性比较分析三种方法，对上市公司环境信息披露水平影响因素进行定量分析。

3.2.1.1 多元线性回归

设随机变量 y 随着 m 个自变量 x_1，x_2，x_3，…，x_m 变化，且相关关系是线性的，符合如下关系式：

$$y = \beta_0 + \beta_1 x_1 + \cdots + \beta_m x_m + \varepsilon \tag{3-1}$$

此式为回归方程，其中，β_0，β_1，…，β_m 是回归系数，是 m+1 个待估计参数，ε 是随机变量。

回归分析的目标是根据 x 和 y 的观测数据，给出各待估参数的估计值，同时对估计值做统计检验，以此确认估计值的可靠性。设定回归方程的矩阵方程，具体如下：

$$Y = X\beta + \varepsilon \tag{3-2}$$

设β分别是参数的最小二乘估计（Ordinary Least Square，OLS）值，则y的估计值可以表示为如下形式：

$$\hat{y}_k = \hat{\beta}_0 + \hat{\beta}_1 x_{k1} + \cdots + \hat{\beta}_m x_{km} \tag{3-3}$$

多元线性回归采用的是最小二乘估计的原则，即回归系数的估计值应当使得全部观测值与回归值的偏差平方和最小，即

$$\min \sum_{k=1}^{N} \left[y_k - \left(\hat{\beta}_0 + \hat{\beta}_1 x_{k1} + \cdots + \hat{\beta}_m x_{km} \right) \right]^2 \tag{3-4}$$

根据数学分析的极值定理，求解出来的回归系数估计值就是多元线性回归中每个因素的影响因子。

3.2.1.2 分位数回归

分位数回归是对传统普通最小二乘估计的一种扩展。OLS 假设不同分位数点自变量对因变量的作用效果是相同的，估计的是自变量对因变量平均数的作用效果。而分位数回归则根据一般化，假设在不同分位数上自变量对因变量的作用效果不同。与 OLS 相比，分位数回归可以将自变量与因变量之间的定量关系进行更细致的刻画。具体如下所述。

假设条件分布$y|x$的总体q分位数$y_q(x)$是x的线性函数，即$y_q(x_t) = x_t'\beta_q$。对第q个分位数回归的目标函数表达式为

$$V_n(\beta; q) = \frac{1}{n} \left[q \sum_{y_t \geqslant x'\beta} \left| y_t - x_t'\beta_q \right| + (1-q) \sum_{y_t < x'\beta} \left| y_t - x_t'\beta_q \right| \right] \tag{3-5}$$

式中，y和x分别是因变量和自变量；q是估计中的分位数，当$q = 0.5$时，分位数回归就变为中位数回归。估计第q个分位数的参数估计值，就是对目标函数求解最小化，其一阶条件为

$$\frac{1}{T} \sum_{t=1}^{T} x_t \left(q - I_{\{y_t - x_t'\beta < 0\}} \right) = 0 \tag{3-6}$$

上式中的I为示性函数（indicator function）。

$$I_{\{y_t - x_t'\beta < 0\}} = \begin{cases} 1, y_t - x_t'\beta < 0 \\ 0, y_t - x_t'\beta \geqslant 0 \end{cases} \tag{3-7}$$

通过线性规划方法对一阶条件求解，可以得到分位数回归的参数估计值。

3.2.1.3 定性比较分析

本研究使用模糊集定性比较分析方法，该方法主要步骤如图 3-2 所示（根据刘丰[219]、章文光[229]等研究人员的成果修改得到）。

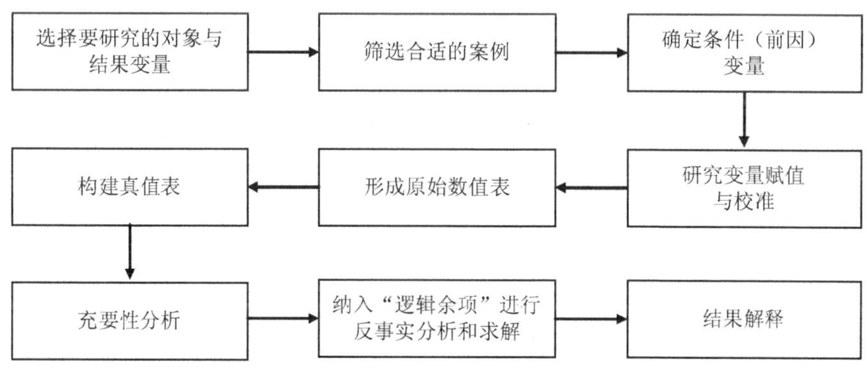

图 3-2 定性比较分析方法的基本研究步骤

第一步是选择研究的对象与结果变量，分析研究对象是否适合通过定性比较分析方法进行研究，如果适合，确定表征研究结果的变量。第二步是筛选纳入研究的案例，应根据所要解释的结果变量来收集合适的相关案例（即统计分析中的样本），案例既要包括正面案例（与结果变量取值相符的案例），也要涵盖负面案例（与结果变量取值相反的案例），同时研究者也要尽可能多地了解自己要分析的各个案例，案例是定性比较分析的核心要素[253]。第三步是确定前因变量，这一步也较为重要，因为社会学分析要求前因条件与结果变量之间具有直接的因果关系，必须有相关理论以及前人的相关研究事件支撑，不能随意选取。第四步是研究变量赋值与校准，这一步需要根据表征结果、原因的变量的代理变量，分别进行赋值和校准，为将变量数据转化为集合打好基础。清晰集定性比较分析的所有前因变量和结果变量只有“存在”或“缺失”（以 1 和 0 表示）两种情况，模糊集定性比较分析用隶属度（membership score）来表示条件或结果的“存在”或“缺失”，隶属度是 0～1 的连续实数，1 表示完全属于，0 表示完全不属于，其他表示属于的程度。编码是对质化案例进行标准化操作的过程。对于模糊集分析，还需对集合的隶属度值进行更细化的“锚定”。计算隶属度值主要有直接法和间接法两种[243]，直接法使用较多。对于三个锚点的确定标准尚未有统一意见，需要参考研究的问题特点和数据特性[243]、参考 Fiss 等[212]的研究成果，一般将三个锚点分别选取样本数据的上四分位数、平均值和下四分位数。第五步和第六步分别是基于因果变量及现实中的研究案例，得到真值表（truth table），结合观测案例总量及每种构型的数量等，选定一致性（consistency）阈值和案例频数阈值，筛选出可充分解释结果的前因条件组态，即筛选出合格的真值构型（一致性阈值一般选取 0.8，案例频数阈值一般选取 1、2 或者 3）。由于观测事例收集不足导致产生的“逻辑剩余项”（logical remainder），可纳入也可不纳入分析。第七步是进行充分必要性分析，该步骤的目的是分析各个构型对结果的解释力度，从而识别出变量之间是否有互补性、替代性或者抑制性[243]，进而识别出大致的因果路径。第八步是进行反事实分析，对逻辑剩余项的不同处理方法，会得出关于因果关系的三种解：简洁解（parsimonious solution）、优化解（intermediate solution）和复杂解（complex solution），然后根据前因条件出现的位置，确定该前因条件属于核心条件（core condition）或辅助条件（peripheral condition）。这一过程是通过布尔代数的最小化（Boolean minization）算法计算因果关联的最短表述[218]，进而在众多条件组合中，找到最典型的原因组合，这是一个探寻最核心的原因的过程。

采用 QCA 方法分析时，常用参数是一致性（consistency）和覆盖度（coverage），对于最终结果的分析，也是使用这两个指标评价出最优组合。一致性是指如果有该组合，那么就有该结局的数据一致性，代表结果与样本的一致性程度，基本可视为充分条件；覆盖率是指有百分之多少的结局是通过该组合产生的，代表结果对样本的覆盖程度，基本可视为必要条件。

目前，研究者进行定性比较分析使用较多的是美国 Ragin 教授开发的 fsQCA 软件与德国 Cronqvist 教授开发的 TOSMANA 软件，两款软件均可进行清晰集分析，fsQCA 可以进行模糊集分析，TOSMANA 主要用于多值分析[219]。

3.2.1.4 三种方法联合使用方式

本研究使用多元线性回归和模糊集定性比较分析对属重点排污单位的上市公司和房地产行业上市公司全部从整体上进行影响因素分析。使用分位数回归方法，以及参考分位数回归原理，将纳入研究的上市公司按频数（由于房地产行业上市公司总体披露水平较低，得分 0 和 1 的企业占比太大，不适宜使用频数，所以使用 EDI 得分）分为低（25%分位）、中（50%分位）、高（75%分位）三个组，再使用模糊集定性比较分析方法，按披露水平低、中、高分别研究上市公司环境信息披露水平影响因素。

3.2.2 影响因素选取

从 2.2.3 节文献分析部分可知，总体来讲，已有研究基本上得出政策监管压力、社会监督压力、媒体监督压力等外在影响因素对上市公司环境信息披露水平产生显著正向影响，结果相对一致、争议较小。本研究拟挑选公司规模、企业效益、公司特征、治理结构、所有权结构等研究结论有一定争议的内部因素进行分析，通过更为扎实、准确的 EDI 研究关于内部因素对环境信息披露水平的影响。

4 属重点排污单位的上市公司环境信息披露状况评估及影响因素分析

本章选取属重点排污单位的上市公司这个典型主体，选取目前履行最严格、相对最清晰的环境信息披露要求的企业主体作为研究对象，基于 3.1 节的合规性评估框架建立适用于此类上市公司主体的环境信息披露合规性评估具体方法，对 2017 年和 2018 年实际披露情况开展实证评估，识别属重点排污单位的上市公司环境信息披露的现状、进展、特征和问题；同时，使用两种回归方法和定性比较分析方法对其环境信息披露水平的影响因素进行了分析。

4.1 研究对象、数据来源和合规度评估方法细化

4.1.1 研究对象

将沪深两市上市公司名单与相应年份生态环境部（全国）重点排污单位名单进行对比。2017 年共有上市公司及子公司 71 185 家，重点排污单位 32 732 家，经逐一对比，共有仅母公司属于重点排污单位的上市公司 232 家，母公司和至少一家子公司属于重点排污单位的 241 家，仅子公司属于重点排污单位的 607 家。2018 年，共有上市公司及子公司 96 021 家，重点排污单位 43 019 家，经逐一对比，共有仅母公司属于重点排污单位的上市公司 299 家，母公司和至少一家子公司属于重点排污单位的 411 家，仅子公司属于重点排污单位的 684 家。

限于工作量、同时为突出研究主体的代表性，挑选 2017 年和 2018 年仅母公司属重点排污单位的上市公司 232 家和 299 家进行对比，两年交集 148 家，选取该 148 家上市公司作为本章的研究对象，上市公司名单及相应重点排污单位类别信息见附表 1。

4.1.2 数据来源

研究主要需要两方面数据，一是上市公司环境信息披露水平（EDI）计算需要的数据，二是环境信息披露水平影响因素评估需要的数据。

第一方面数据主要包括两部分，上市公司通过定期报告等形式披露的环境信息，以及上市公司受到环境行政处罚的情况。关于上市公司披露信息，本研究以上市公司定期报告为主，同时也将其通过官方网站、社会责任报告、环境责任报告等渠道发布的部分环境信息纳入评估，这部分数据来源主要是交易所网站、其他权威财经类网站（如巨潮信息网和中国证券网等），以及企业自身官网、社会责任报告、环境责任报告等。关于上市公司环境处罚信息，主要从生态环境部环境处罚信息库中获取，然后将相应年份原始数据与上市公司及其子公司清单逐一对比得到。

本章 4.3 节和 4.4 节所需要的环境信息披露水平影响因素数据来自国泰安数据库。同时，随机抽取样本，将数据库的数据与年报数据比对，以保证数据的准确性。

4.1.3 合规度评估方法细化与构建

4.1.3.1 形式合规性、全面性和规范性评估方法构建

在 3.1 节合规性评估框架基础上，针对属重点排污单位的上市公司环境行为的特性以及现有法规标准、技术规范等，细化构建评估方法。参照《2 号准则》和《3 号准则》共设置 12 项评估指标；充分借鉴和参照重点排污单位名录管理技术规定、排污许可系列制度文件与技术规范、行业污染排放类标准、环境信息类标准等现行有效的相关规定对形式合规性、全面性和规范性的评估方法和评估细则进行设置，如表 4-1 所示；真实性评估方法与细则在 4.1.3.2 节构建。

表 4-1 属重点排污单位的上市公司环境信息披露合规性评估方法

序号	评估指标	形式合规性	全面性	规范性	真实性
1	主要污染物及特征污染物的名称	只要公布任何一种水、大气或者固体废物污染物具体名称即可得分。须明确说明污染物的名称，若仅公布排放因子（废气、废水、噪声等），不得分；若仅是在披露其他信息（如环保处罚信息、环保设施运行状况等）时提及污染物名称，不得分	分别因水、大气、土壤等原因（类别）纳入重点排污单位的，应公布相应的污染因子名称。公布相应主要因子名称的得 1 分，同时公布特征污染因子名称的得 2 分。上述三种要素类别，有缺项的，该项最高得 1 分	参照《大气污染物名称代码》（HJ 524—2009）、《水污染物名称代码》（HJ 525—2009），至少一种污染物名称符合上述标准得 1 分，50%以上污染物名称符合标准得 2 分（前述全面性有得分，该项才有得分，即全面性得分为 0 分的该项不得分）	环境行政处罚信息的披露情况（总分 5 分）
2	排放方式	只要说明任何一种要素、任何一种排放方式即可得分。披露的排放方式为污染物有组织（无组织）排放、连续（间断）排放、排放去向（接入城市污水管网、直接排入河流等）皆可得分；若披露的排放方式为“总排口”，也得分（排放方式为直接排入河流）	分别因水、大气、土壤等原因（类别）纳入重点排污单位的，应公布相应的排放方式。公布相应主要因子排放方式的得 1 分，同时公布特征污染因子排放方式的得 2 分	参照《大气污染物综合排放标准》（GB 16297—1996）、《污水综合排放标准》（GB 8978—1996）、《锅炉大气污染物排放标准》（GB 13271—2014）、《工业炉窑大气污染物排放标准》（GB 9078—1996）、《废水排放规律代码（试行）》（HJ 521—2009）、《废水排放去向代码》（HJ 523—2009）等，大气提到有车间厂房、露天（或有顶无围墙）两种无组织排放，废气排口；水提到（有）规律、无规律、连续、间断、稳定、不稳定、周期性、冲击型，或者总排口、单位排放口、车间排口、尾矿坝出水口、直接排放、间接排放，直接进入海域、直接进入江河湖库等水环境、直接进入城市下水道（再进入江河湖库）、直接进入城市下水道（再进入沿海海域）、进入城市污水处理厂、直接进入灌溉农田、进入地渗或蒸发地等。水和大气提到上述排放方式一次以上，得 1 分，50%以上采用上述排放方式得 2 分	

序号	评估指标	形式合规性	全面性	规范性	真实性
3	排放口数量	须明确说明数量、有具体数字方可得分。仅披露排放口总数或按不同子公司、污染物、污染因子等分类公布排放口数量均可得分	分别因水、大气原因（类别）纳入重点排污单位的，公布相应要素的主要排口数量得1分，同时公布一般排口数量得2分	参照《排污许可证申请与核发技术规范 总则》（HJ 942—2018）和《排污单位编码规则》（HJ 608—2017），列出1个以上具体排口名称和排口单位内部编号的得1分，列出1个以上具体排口名称和根据HJ 608—2017进行编号的得2分	环境行政处罚信息的披露情况（总分5分）
4	排放口分布情况	交代排放口在厂区内的分布（如厂区南侧、×楼楼顶等）或地理位置（××河），该项得分。若仅笼统交代“厂区内”，也给分	分别因水、大气等原因（类别）纳入重点排污单位的，公布相应要素的主要排口分布情况和具体位置信息的得1分，同时公布一般排口分布情况和位置信息的得2分	以描述性语言交代排放口位置信息的得1分，给出排放口经度和纬度信息的得2分	
5	排放浓度和总量	主要污染物或特征污染物的排放浓度或排放总量任意公布一项即可得分，必须有具体浓度或数量。若披露排放浓度，须标明相应的污染物名称，否则不算披露；若披露排放总量，须标明污染物或排放因子（如大气污染物排放量）。仅披露二氧化碳排放总量不得分，仅披露固体废物总量不得分	分别因水、大气等原因（类别）纳入重点排污单位的，公布相应要素的主要排口排放浓度和总量情况得1分，同时公布一般排口排放浓度和总量情况得2分；因土壤原因（类别）纳入重点排污单位的，公布固体废物/危险废物的种类与总量情况得1分，公布固体废物/危险废物的毒性信息得2分	参照《大气污染物综合排放标准》（GB 16297—1996）、《污水综合排放标准》（GB 8978—1996）、《锅炉大气污染物排放标准》（GB 13271—2014）、《工业炉窑大气污染物排放标准》（GB 9078—1996）、《排污许可证申请与核发技术规范 总则》（HJ 942—2018）等，以kg/h、mg/m^3、m^3/t、mg/L、t/a等单位公布排放浓度和总量时，得1分；大气排放换算成温度为273 K、压力为101 325 Pa时的标态，水排放注明至少一种因子检测方法，得2分	
6	超标排放情况	若没有明确说明超标排放情况如何，所有环境信息混杂在一段文字中，则该段文字中只要有说明达标、超标、符合标准或其他类似表述，即可得分。但若只有“加大环保投入，确保排放达标”或其他类似的较为空洞的表述，不算披露超标排放情况	在污染源在线监测、监督性监测存在超标排放情况下，公布存在超标情况得1分，提到超标具体次数得2分；如企业不存在超标情况，该项直接得2分	在污染源在线监测、监督性监测存在超标排放情况下，公布超标情况种类得1分，提到超标排放具体排放浓度（超标值、超标倍数）得2分；如企业不存在超标情况，该项直接得2分	

序号	评估指标	形式合规性	全面性	规范性	真实性
7	执行的污染物排放标准	公布标准名称（如《水污染物综合排放标准》《锅炉大气污染物排放标准》等）或编号皆可得分；若不公布具体文件，公布标准限值，也可得分。但必须有具体的文件或标准值，仅笼统地说“按照国家标准”不得分	分别因水、大气等原因（类别）纳入重点排污单位的，应公布相应的排放标准，公布相应要素的主要排口、主要因子执行标准的得1分，同时公布主要排口特征因子或一般排口因子执行排放浓度的得2分；因土壤等原因（类别）纳入的，公布固体废物/危险废物污染控制标准名称得1分，同时公布控制要求得2分	分别因水、大气、土壤等原因（类别）纳入重点排污单位的，公布相应要素执行的污染排放标准名称（控制要求）和标准编号的得1分，同时公布相应因子限值的得2分	环境行政处罚信息的披露情况（总分5分）
8	核定的排放总量	按污染物公布核定排放总量可得分，仅按排放要素披露核定的排放总量（如大气污染物排放量）不得分	分别因水、大气、土壤等原因(类别)纳入重点排污单位的，公布相应要素主要污染因子（或危险废物）排放总量许可量的或公布所有要素主要因子排放总量许可量的得1分，同时公布相应因子特征污染因子（或一般工业废物）排放总量许可量的得2分	分别因水、大气、土壤等原因（类别）纳入重点排污单位的，以kg、t/a等单位公布相应要素主要污染因子（危险废物或一般工业废物）排放总量许可量的得1分，公布管理部门核定文件类别或依据或者公布许可证编号或者分排污口公布许可总量的得2分	
9	防治污染设施的建设和运行情况	防治污染设施的建设和运行情况披露一项即可得分。只要说明公司已建设了污染防治设施（污染处理设施、环境保护设施、在线监测设备或其他类似表述），或相关设备的改造升级（如污水处理改造工程），即认为披露了防治污染设施的建设情况；只要说明环保设施运行正常（或其他类似表述）即认为披露了防治污染设施的运行情况	分别因水、大气、土壤等原因（类别）纳入重点排污单位的，公布相应要素主要污染因子（或危险废物）防治设施建设或运行情况的得1分，同时公布主要因子防治设施建设和运行情况或者特征污染因子（固体废物）防治设施情况的得2分。当年新建设施与既有设施均包含在内	分别因水、大气、土壤等原因（类别）纳入重点排污单位的，公布相应要素主要污染因子、特征污染因子（危险废物、一般工业废物）等防治设施名称、工艺技术方法名称的得1分，名称符合《排污许可证申请与核发技术规范 总则》（HJ 942—2018）及相应行业排污许可证申请与核发技术规范中治理设施、行业可行技术要求的得2分	

序号	评估指标	形式合规性	全面性	规范性	真实性
10	建设项目环境影响评价及其他环境保护行政许可情况	只简单说明公司已按要求进行环评审批、接受环评验收或公布了具体的项目名称或验收文件等即可得分	公开企业建设项目环评情况、排污许可证名称或编号、其他环境保护行政许可信息其中一项的得1分，同时公开两项以上的得2分	公开企业建设项目环评名称、已获取排污许可证、其他环境保护行政许可名称的得1分，公布环评报告书网址、环境部门批复文件名称、排污许可证编号、其他环境保护行政许可信息文件名称或编号等信息的得2分	环境行政处罚信息的披露情况（总分5分）
11	突发环境事件应急预案	只说明上市公司已编制环境应急预案或已在环保主管部门备案或有风险源介绍或备案编号等详细信息均可得分	公开企业已制定突发环境事件应急预案、定期组织应急演练等信息的得1分，同时描述风险源或公布环境风险评估等级信息的得2分	公开企业突发环境事件应急预案名称的得1分，同时公布备案编号、备案环境机关名称、应急预案主要内容（提纲）的得2分	
12	环境自行监测方案	若未披露监测项目、监测时间、监测点位等信息，只简单说明已制定自行监测方案，也可得分	分别因水、大气等原因（类别）纳入重点排污单位的，公布监测要素种类的得1分（公布已制定自行监测方案的也可得分），公布相应要素具体监测因子名称的得2分	分别因水、大气等原因（类别）纳入重点排污单位的，公布相应要素监测方式（手工或在线）或频次、公布自行监测达标超标情况的得1分，公布自行监测信息，公开信息平台名称、网址，委托第三方开展监测的公布委托单位名称得2分	

4.1.3.2 真实性评估方法构建

（1）构建依据

依据《上市公司信息披露管理办法》，上市公司受到重大行政处罚后须披露临时报告。依据证监会发布的信息披露内容与格式准则，若上市公司受到重大行政处罚后未立即披露临时报告，须在年报与半年报中进行披露；若已发布临时报告，上市公司还应在年报与半年报中披露指定网站的相关查询索引及披露日期。

具体法规依据参照《上市公司信息披露管理办法》第三十条，《2号准则》第四十五条、第四十六条，《3号准则》第四十二条、第四十三条。

（2）重大环境行政处罚判别标准识别

目前我国尚未形成全国统一的重大行政处罚标准，但由于目前实行重大行政处罚备案制度，部分省市已在其重大行政处罚备案规定中对重大行政处罚进行了定义，但针对环保行政处罚规定得较少。对于已在重大行政处罚决定备案相关规定中明确了重大环境行政处罚标准的地区，本研究以该地区的地方法规作为重大行政处罚判别依据。对于没有明确规定重大环境行政处罚标准的地区，本研究在梳理《环境行政处罚办法》、各地区重大行政处罚备案相关规定、行政处罚听证相关规定、环保行政处罚执行规范等文件中相关标准的基础上，构建了重大行政处罚判别标准，如表 4-2 所示。

表 4-2　重大环境行政处罚判别标准

地区	处罚级别	判别标准
山西省	省级	①责令停产停业； ②吊销许可证或执照； ③处以 30 万元以上罚款； ④对主要责任人行政拘留 10 日以上
	市级	①责令停产停业； ②吊销许可证或执照； ③处以 20 万元以上罚款； ④对主要责任人行政拘留 10 日以上
	县级	①责令停产停业； ②吊销许可证或执照； ③处以 10 万元以上罚款； ④对主要责任人行政拘留 10 日以上
攀枝花市	市级、县级	①责令停产停业； ②吊销许可证或执照； ③处以 5 万元以上罚款
其他地区	省级、市级、县级	①在行政处罚决定书中告知听证权利； ②责令停产停业； ③吊销许可证或执照； ④处以 10 万元以上罚款； ⑤对主要责任人行政拘留

（3）评分方法

本研究按照表 4-2 的判别标准，判断统计 148 家上市公司两年内各受到的重大环境行政处罚数量，对照 2017 年和 2018 年各公司的半年报、年报和临时报告的披露情况，对有受到重大环境行政处罚的上市公司的信息披露情况进行评估。根据是否披露、披露载体、披露（受处罚）的数量比例、披露详细程度、披露时效性等情况建立评分细则如下：

①若公司有受到重大行政处罚，但临时报告与定期报告都未予以披露，该项得 0 分。

②若公司有受到重大行政处罚，且临时报告中有披露信息：

a. 临时报告中披露了报告期内所受的全部行政处罚信息，得 4 分；

b. 临时报告未披露全部行政处罚信息但所披露的行政处罚信息数量占该企业在报告期内所受的行政处罚总数的 70%（含 70%）以上，得 3 分；

c. 临时报告中所披露的行政处罚信息数量占该企业在报告期内所受的行政处罚总数的 50%以上（70%以下，含 50%），得 2 分；

d. 临时报告中所披露的行政处罚信息数量不足该企业在报告期内所受的行政处罚总数的 50%，得 1 分；

e. 临时报告中披露了行政处罚信息后，定期报告中又披露了临时报告网页链接，加 1 分；

f. 临时报告中所披露的行政处罚信息较为详细，包括具体的时间、地点、处罚内容、处罚金额及后续整改信息，可加 0.5 分，最多不超过 5 分。

③若公司有受到重大行政处罚，但临时报告未披露信息，定期报告中有披露：

a. 定期报告中披露了报告期内所受的全部行政处罚信息，得 4 分；

b. 定期报告未披露全部行政处罚信息但所披露的行政处罚信息数量占该企业在报告期内所受的行政处罚总数的 70%以上（含 70%），得 3 分；

c. 定期报告中所披露的行政处罚信息数量占该企业在报告期内所受的行政处罚总数的 50%以上（70%以下，含 50%），得 2 分；

d. 定期报告中所披露的行政处罚信息数量不足该企业在报告期内所受的行政处罚总数的 50%，得 1 分；

e. 定期报告中所披露的行政处罚信息较为详细，包括具体的时间、地点、处罚内容、处罚金额及后续整改信息，可加 0.5 分；

f. 定期报告中仅披露行政处罚信息索引（非企业临时报告索引），则在原得分基础上扣 1 分，最低不低于 1 分。

④若公司有受到重大行政处罚，且临时报告与定期报告都有披露，但披露数量不同，按披露数量较多的一类评分。

4.2 合规性评估结果

4.2.1 整体结果

本次评估的上市公司共 148 家，对样本的总分（满分 65 分）、形式合规性（满分 12 分）、全面性（满分 24 分）、规范性（满分 24 分）和真实性（满分 5 分）进行分析，结果如表 4-3 和图 4-1 所示。148 家上市公司均有相关的环境信息披露。2017 年平均分为 31.05 分，2018 年平均分为 39.90 分，整体来看，2018 年披露情况好于 2017 年。

表 4-3 整体得分情况

得分	公司数量/家		平均分		公司占比/%		累计百分比/%	
	2017 年	2018 年	2017 年	2018 年	2017 年	2018 年	2017 年	2018 年
10 分以下	23	2	5.91	5	15.54	1.35	15.54	1.35
10～20 分	5	4	15.60	15.50	3.38	2.70	18.92	4.05
20～30 分	28	11	25.39	25.27	18.92	7.43	37.84	11.48
30～40 分	49	48	34.35	35.35	33.11	32.43	70.95	43.91
40～50 分	33	65	43.91	44.14	22.30	43.92	93.24	87.83
50 分以上	10	18	53.90	54.17	6.75	12.17	100	100
总计	148	148	—	—	100	100	—	—
总分平均分	—	—	29.84	29.90	—	—	—	—

注：10 分以下表示小于 10；10～20 分表示［10，20），其余同理。

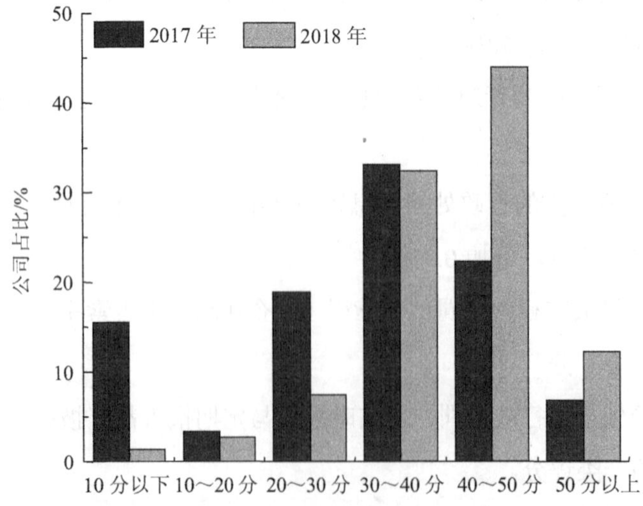

注：10 分以下表示小于 10，10～20 分表示［10，20），其余同理。

图 4-1 整体得分情况

表 4-4 和图 4-2 统计了环境信息披露的形式合规性、全面性、规范性和真实性四方面属性披露情况。2018 年较 2017 年四方面属性披露情况皆有提升。结合各自满分可看出，真实性和形式合规性的得分较好，其次是全面性，能达到满分的为 50%左右，得分较差的是规范性，占比不到 40%。真实性因为评估的是最低线真实、纳入评估的内容较少，基本不具备与其他指标的横向可比性；而形式合规性平均分已经占到满分的 92.58%，可以看出此类上市公司环境信息披露的"意识、意愿"已经很强，只不过可能限于披露要求本身清晰度不足，企业披露更清晰、更全面信息的意愿暂时有限等原因，上市公司总体处于一种大体知道应该披露哪些内容，但是如何完善地披露还不清楚的状态。

表 4-4 环境信息披露四方面属性平均分

年份	形式合规性（满分 12 分）	占满分比例/%	全面性（满分 24 分）	占满分比例/%	规范性（满分 24 分）	占满分比例/%	真实性（满分 5 分）	占满分比例/%
2017	9.28	77.33	10.24	42.67	7.10	29.59	4.43	88.60
2018	11.11	92.58	14.11	58.79	9.59	39.96	4.98	99.60

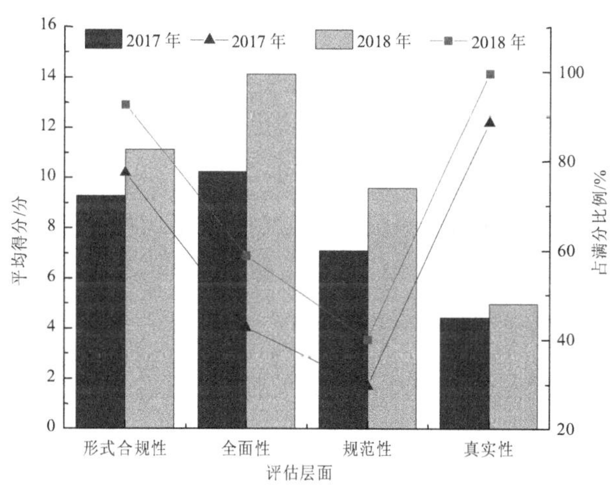

图 4-2 环境信息披露四方面属性平均分

4.2.2 各指标得分情况

图 4-3 统计了 12 项指标的得分情况，2017 年设施、标准和排口数 3 项指标得分较高（平均分超过 2.4 分），2018 年除超标项外，其余 11 项指标的平均分均超过 2.5 分。2018

年各项指标平均得分均高于 2017 年（超标项除外）。

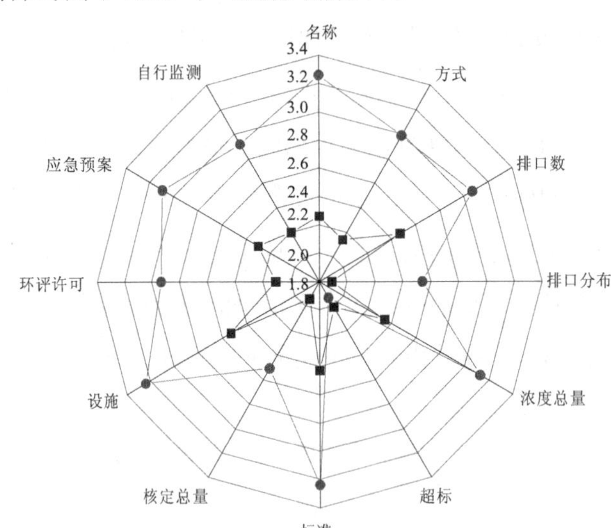

图 4-3 12 项指标分别得分情况

4.2.3 各省份得分情况

图 4-4 比较了各省（区、市）披露情况。148 家上市公司分布于 29 个省（区、市），其中，浙江省公司数最多（31 家），其次是山东省（21 家）、江苏省（10 家），其他地区的公司数量均在 10 家以下。就得分情况来看，2017 年平均得分最高的是宁夏回族自治区（45 分），其次为内蒙古自治区（38 分），贵州省、湖北省、江苏省和福建省的平均得分均高于 35 分。2018 年平均得分最高的是湖北省（48.83 分），其次为宁夏回族自治区（48.25 分），仅西藏自治区、黑龙江省、海南省、上海市和安徽省的平均得分在 35 分以下，其余省份均高于 35 分。2018 年各省份得分较 2017 年均有提高，其中陕西省和重庆市进步最明显，均分提高了 38 分和 34 分。

4.2.4 各交易所得分情况

表 4-5 和图 4-5 比较了沪深交易所得分情况。148 家公司有 58 家在上交所上市，90 家在深交所上市。2017 年深交所公司平均得分及形式合规性、全面性和规范性三方面的得分均高于上交所公司。2018 年深交所公司平均得分及四方面属性的均分均高于上交所。与 2017 年相比，2018 年两家交易所公司得分均有所提高。

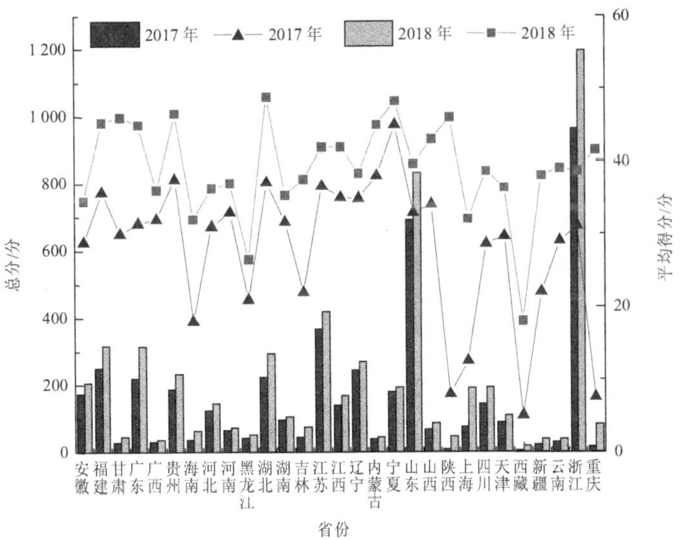

图 4-4　各省份得分情况

表 4-5　各交易所得分情况

交易所	公司数量/家	平均得分/分		总分中位数/分		形式合规性均分/分		全面性均分/分		规范性均分/分		真实性均分/分	
		2017年	2018年	2017年	2018年	2017年	2018年	2017年	2018年	2017年	2018年	2017年	2018年
上交所	58	27.4	37.4	29.5	38.0	8.1	10.6	9.4	13.5	5.2	8.3	4.7	5.0
深交所	90	33.4	41.3	36.0	41.0	10.0	11.5	10.8	14.5	8.3	10.4	4.3	5.0

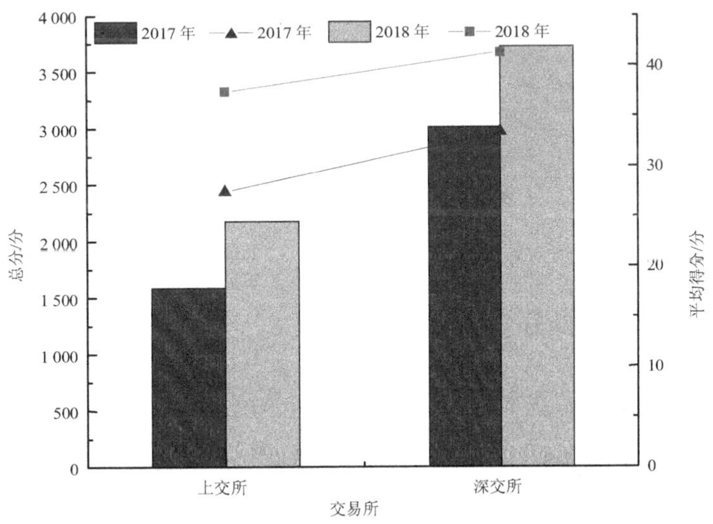

图 4-5　各交易所得分情况

4.2.5 不同行业得分情况

图 4-6 为不同行业上市公司平均得分情况。2017 年平均分最高的 3 个行业是木材加工及木、竹、藤、棕、草制品业（56 分），橡胶和塑料制品业（51 分），土木工程建筑业（44 分）；平均分最低的 3 个行业是纺织服装、服饰业（5 分），金属制品业（12.8 分）和通用设备制造业（14.3 分）。与 2017 年相比，2018 年橡胶和塑料制品业，木材加工及木、竹、藤、棕、草制品业，互联网和相关服务，土木工程建筑业和水上运输业 5 个行业的平均得分有所降低，其余 27 个行业的平均得分均高于 2017 年。2018 年，均分最高的 3 个行业依次是木材加工及木、竹、藤、棕、草制品业（49 分），纺织服装、服饰业（47 分），纺织业（44.2 分），平均分最低的三个行业依次是家具、农副食品加工业（28.7 分）、黑色金属矿采选业（29 分）。

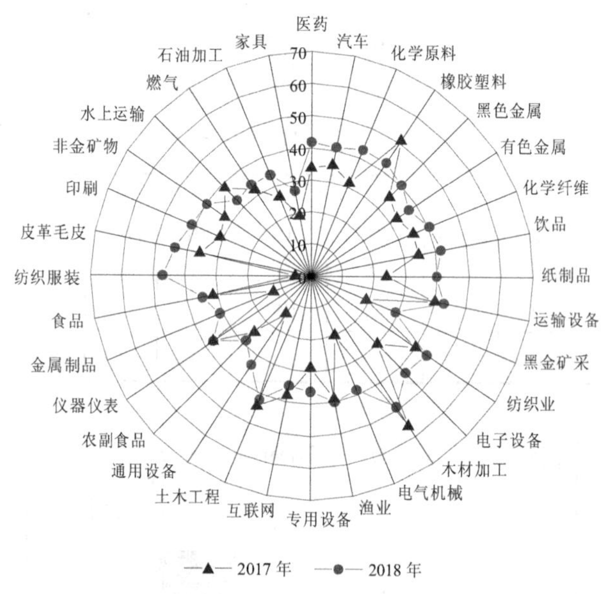

图 4-6 不同行业平均得分情况

4.2.6 不同公司规模得分情况

不同公司规模的得分情况如表 4-6 和图 4-7 所示，公司规模用该公司期末总资产（元）的自然对数表示。总体来看，公司规模越大其平均得分越有提高趋势。剔除真实性外，2017 年规模较大公司的形式合规性、全面性和规范性均分全面优于规模较小公司。与 2017 年相比，2018 年上市公司在各方面平均分均有所提高。

表 4-6 不同公司规模得分情况

公司规模	公司数量/家		平均分/分		形式合规性均分/分		全面性均分/分		规范性均分/分		真实性均分/分	
	2017 年	2018 年	2017 年	2018 年	2017 年	2018 年	2017 年	2018 年	2017 年	2018 年	2017 年	2018 年
18～20	1	2	31.00	37.50	11.00	12.00	9.00	12.00	6.00	10.00	5.00	3.50
20～22	79	72	30.65	41.90	9.15	11.38	10.01	15.22	6.99	10.31	4.49	5.00
22～24	63	69	31.25	37.74	9.37	10.86	10.37	13.09	7.08	8.80	4.44	5.00
24～26	5	5	35.10	39.00	10.00	10.60	12.40	13.20	9.40	10.20	3.30	5.00

注：18～20 表示［18，20），其余同理。

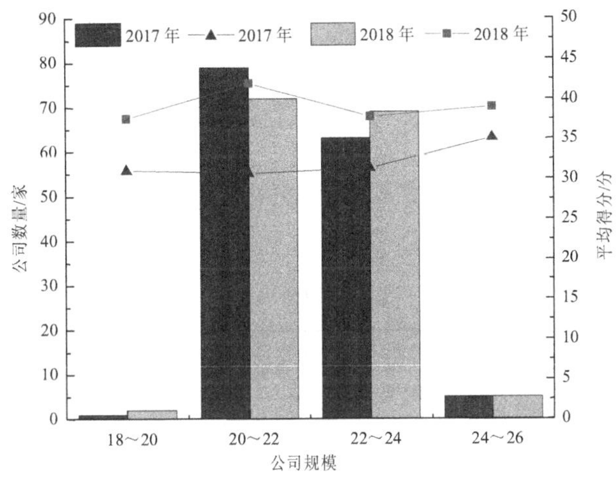

图 4-7 不同公司规模得分情况

4.2.7 不同盈利能力得分情况

公司盈利能力得分情况如图 4-8 所示，盈利能力用该公司净资产收益率表征。总体来看，公司盈利能力越强其平均分越有波动提升趋势。2018 年各盈利能力组别的平均得分均好于 2017 年，四方面属性得分也有所提高（细分表格未列出）。

4.2.8 是否两职合一得分情况

是否两职合一的得分情况如表 4-7 和图 4-9 所示，75%的属重点排污单位的上市公司是两职分离的。无论两职合一还是两职分离，2018 年总平均分与四方面属性平均分均比 2017 年有所提高。2017 年两职分离的上市公司其平均得分、全面性均分、规范性均分高于两职合一公司，但差距不大，形式合规性均分略低。2018 年两职分离公司平均得分及四方面属性平均分均略低于两职合一公司，但差距不大。

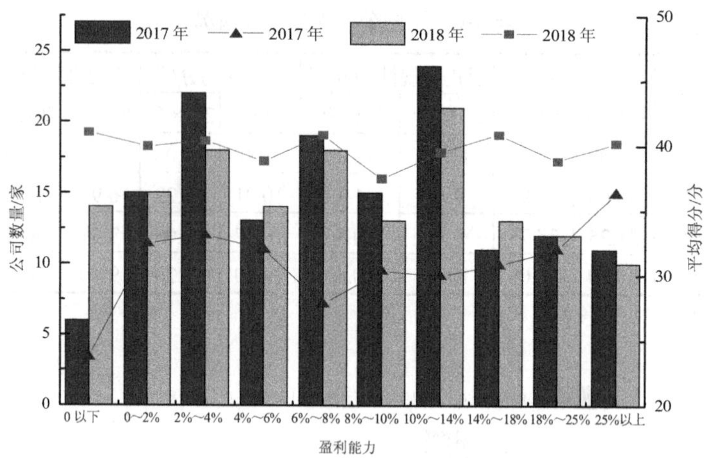

注：0～2%表示［0，2%），其余同理。

图 4-8　不同盈利能力得分情况

表 4-7　是否两职合一得分情况

两职合一	公司数量/家		平均得分/分		形式合规性均分/分		全面性均分/分		规范性均分/分		真实性均分/分	
	2017年	2018年	2017年	2018年	2017年	2018年	2017年	2018年	2017年	2018年	2017年	2018年
是	40	41	30.91	40.80	9.6	11.39	10.03	14.78	6.68	9.63	4.61	5
否	108	107	31.11	39.42	9.17	11.01	10.31	13.86	7.26	9.58	4.37	4.97

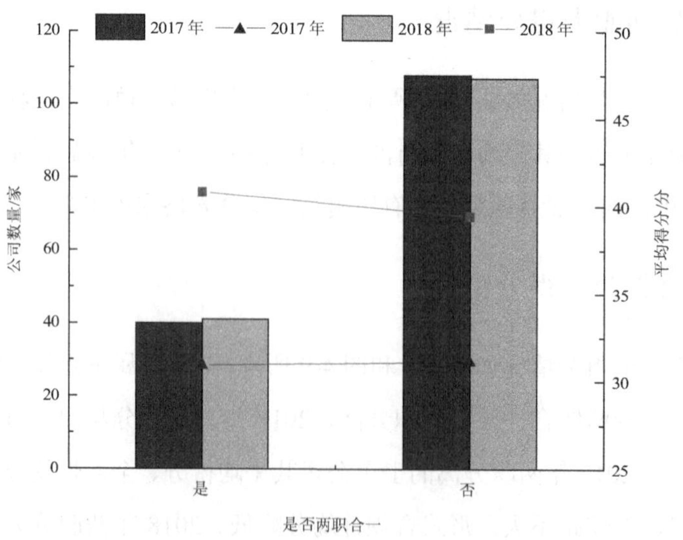

图 4-9　是否两职合一得分情况

4.2.9 不同股权性质得分情况

不同股权性质上市公司得分情况如表 4-8 和图 4-10 所示。从数量来说，民营企业数量最多，地方国企次之，中央国企再次。所有股权性质公司 2018 年均比 2017 年得分情况有所提高，除极个别指标外，四方面属性也均有所提高。中央国企各项指标得分情况大多超过其他性质企业，其他股权性质企业总体情况差异不明显。

表 4-8 不同股权性质得分情况

股权性质	公司数量/家	平均得分/分		形式合规性均分/分		全面性均分/分		规范性均分/分		真实性均分/分	
		2017 年	2018 年	2017 年	2018 年	2017 年	2018 年	2017 年	2018 年	2017 年	2018 年
中央国企	18	36.39	42.00	9.78	11.06	12.56	14.83	9.89	11.11	4.17	5.00
地方国企	34	30.15	38.79	8.65	10.94	10.09	13.38	6.97	9.47	4.44	5.00
民营企业	85	30.00	39.86	9.29	11.15	9.74	14.32	6.49	9.39	4.47	5.00
外资企业	8	30.13	37.38	9.88	11.38	9.50	12.88	6.38	8.50	4.38	4.63
其他企业	2	42.00	41.00	11.50	11.50	14.00	14.50	11.50	10.00	5.00	5.00
集体企业	1	41.00	47.00	12.00	12.00	14.00	18.00	10.00	12.00	5.00	5.00

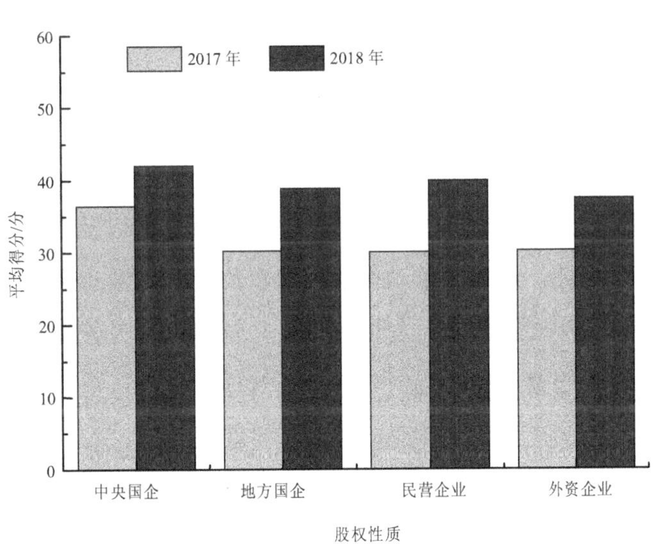

图 4-10 不同股权性质得分情况

4.2.10 评估小结

①从整体情况看，属重点排污单位的上市公司披露情况不错，2018 年较 2017 年有较为全面和显著的提高；形式合规性和仅以重大环境行政处罚计的真实性已经达到很高水平，平均得分率（平均分/满分比例）已经超过九成，全面性和规范性仍需提高，但也在逐步改善中。

②分指标看，除超标情况单一指标外，其余 11 项指标平均分均超过 2.5 分（满分 5 分），且 2018 年较 2017 年有改善，披露状况尚可。

③从其他因素的相关图表直观来看，交易所、公司规模、盈利能力、两职合一（分离）、股权性质等因素有一定趋势性规律，而区域、行业等因素未发现潜在趋势性规律。

4.3 基于回归方法的影响因素分析

本节利用 2017—2018 年沪深两市 148 家属重点排污单位的上市公司连续两年的环境信息披露指数数据，基于普通最小二乘估计、分位数回归等实证方法，检验和识别影响该类型上市公司环境信息披露水平的主要因素。

4.3.1 研究思路

结合 2.2.3 节文献分析、3.2.2 节本研究影响因素选取思路以及近年来环保工作总体进展情况综合确定本节思路。近年来推动企业环保意识提升、推动企业环境信息披露意识提升的最主要因素，是中国特色生态文明理论，是党中央、国务院对环保的高度重视和大力推动，是中央环保督察制度的强力传导，是对地方政府和企业一系列破坏生态环保行为的强力追责，这种严肃严厉的氛围起到了最主要的作用。这与已有研究也是契合的，即政策监管压力、社会压力、媒体压力等外在影响因素对上市公司环境信息披露水平产生显著正向影响。

本节选取一个有限立意进行研究。属重点排污单位的上市公司可以视为受环保压力最大、环境信息披露意识最高、环境信息披露能力最强的主体，即在广泛、全面和强大的环保压力下，“排浪式”环境信息披露水平提升的部分企业，外部因素将其推向浪尖，本研究探讨“在浪尖的最高披露水平”上市公司范围内，公司特征等方面内部因素是否仍对企业环境信息披露水平有影响、影响程度有多大，即在社会环保大趋势下，披露总体水平已经较高的公司是否还会因为比较多的个体性差异而影响其环境信息披露水平。同时，表征公司特性的内部影响因素，既往研究结果争议较大，本研究希望从一个典型企业范围的角度，尝试通过相对扎实、准确的 EDI，研究内部因素对信息披露水平的影响。

4.3.2　理论分析与研究假设

综合 4.3.1 节思路分析以及现有文献对潜在有效因素和各具体因素的探讨，本研究拟从如下几个因素入手。

（1）公司规模

公司规模是为数不多的有较为一致认识和结论的重要影响因素之一。一般而言，公司规模越大，环境信息披露水平越高；规模越小，环境信息披露水平越低。这是因为，规模较大的企业往往是行业中的佼佼者，或者是具有一定行业地位的企业，这类企业拥有较为充足的资源，也愿意更好地披露环境信息，树立良好的企业形象。同时，越是规模大的企业，往往越容易受到地方政府、监管部门、公众的监督，这类企业如果不能很好地披露环境信息，容易受到处罚和媒体曝光。基于此，提出如下研究假设。

研究假设 1：上市公司规模越大，环境信息披露水平越高；反之，规模越小，环境信息披露水平越低。

（2）资产负债率

资产负债率是一个争议比较大的影响因素，如表 2-1 所示，近年来各有 11 项研究认为其对环境信息披露水平起正向作用、负向作用和无作用。随着资产负债率的升高，环境信息披露水平升高或降低，都有一些理论分析支持。支持正向的理论认为，公司资产负债率高说明公司财务风险高、财务压力大，企业经营管理者更倾向于通过披露更多的环境信息来证明企业经营正常，甚至是经营状况比较好，以此来回应所有利益相关者的关切、平复其压力、赢取更多信任；更为重要的是，资产负债率高代表融资需求大，通过更好的环境信息披露降低融资成本也是企业的重要出发点之一。支持反向的理论认为，环境信息披露、强化环保投入属于社会责任活动，会消耗大量资源和资金，公司财务杠杆高本身资金就紧张，需要把有限的资源更多地投入到能够产生效益的各项活动中去。本研究倾向于认为正向相关。基于此，提出如下研究假设。

研究假设 2：上市公司资产负债率越高，环境信息披露水平越高；资产负债率越低，环境信息披露水平越低。

（3）股权性质

股权性质是影响企业行为的重要因素，与民营企业相比，国有企业的环境信息披露不仅要接受证监会的监督，还要接受各级国资委的监管。另外，国有企业经营目标是双重导向的，在利润最大化和社会责任之间寻求平衡，这也是国有企业区别于民营企业的重要因素之一。从这个角度看，国有企业的环境信息披露水平相对较高，而民营企业和其他性质企业的环境信息披露水平相对较低。基于此，提出如下研究假设。

研究假设 3：国有上市公司的环境信息披露水平较高，民营上市公司的环境信息披露水平较低。

（4）股权结构

基于信息不对称理论，企业管理层作为直接经营者，掌握信息最多，有可能会利用这种资源和信息优势做出自利和损企行为。在企业管理层中大股东比小股东拥有更强的话语权，大股东利用其对公司的控制权和影响力，可以对管理层的信息披露做出更直接、更有效的要求，从而对企业信息披露行为和水平产生更为实质性的影响。推及环境信息披露方面，环保属于高投入、直接产出少的低效领域，大股东可能会出于利益考虑，不愿意企业更多、更细致地披露环境信息，特别是阻挡一些负面环境信息披露。基于此，提出如下研究假设。

研究假设 4：上市公司的大股东持股比例越高，环境信息披露水平越低；反之，大股东持股比例越低，环境信息披露水平越高。

（5）盈利能力

盈利能力对企业环境信息披露水平的影响机制与资产负债率有一定的相似之处。企业本身盈利能力好，说明企业经营层已经尽到了委托代理责任的主要职责，对股东等利益相关者已经有了比较好的交代，而且，盈利好的情况下企业也比较容易获取直接或者间接融资，所以，企业本身也没有特别大的动力去做更多的事来赢取利益相关者的更多支持。但是，也有专家基于资源理论、环境代价理论，认为履行环境责任能够同时为企业创造资源和提高获取资源的能力，能够帮助企业形成竞争优势。当企业参与环境信息披露时，盈利能力能够对相关利益者的投资意愿和信任度两个方面产生影响，从而带给企业更多的机遇。基于此，提出如下研究假设。

研究假设 5：上市公司的盈利能力越高，环境信息披露水平越高；反之，盈利能力越低，环境信息披露水平越低。

（6）高管薪酬

高管既是企业战略的参与制定者、直接实施者，也是企业生产经营的直接操盘手。高管对于环境信息披露的态度和看法直接决定了房地产上市公司环境信息披露的水平。高管的目标是自身利益的最大化，而薪酬是高管自身利益的主要来源。因此，一般认为薪酬越高，对高管的激励作用越大，越有动力维护股东利益，推动上市公司的发展。基于此，提出如下研究假设。

研究假设 6：上市公司的高管薪酬越高，环境信息披露水平越高；反之，高管薪酬越低，环境信息披露水平越低。

（7）两职合一

董事长负责领导董事会，总经理（总裁）负责企业日常经营管理业务，两者分工合作形成企业的权力分配格局和经营运作方式。两职合一对信息披露水平的影响主要是基于委托代理理论，总经理（总裁）作为委托代理人，由于自身利益倾向于对外隐瞒不利的信息，从而影响信息披露的充分性和准确性。此外，如果存在两职合一的情况，造成权力分配失衡，不利于董事会对企业信息披露的监督和管理。因此，企业两职合一不利于环境信息披露水平的提升。基于此，提出如下研究假设。

研究假设 7：两职合一的上市公司环境信息披露水平较低，两职分离的上市公司环境信息披露水平较高。

（8）董事会独立性

根据信号传递理论和声誉理论，良好的企业声誉能够增加企业环境信息披露的积极性，维护企业对于相关利益者的正面形象。此外，独立董事比例与企业的社会责任感、公开透明度有一定的联系，会对企业的声誉产生影响。聘请的独立董事越多说明企业越不惧怕外部监督，与外部沟通意愿大，因此独立董事比例较高的企业更加倾向于披露环境信息，以此来增加相关利益者对企业的好感度。基于此，提出如下研究假设。

研究假设 8：上市公司的董事会独立性越高，环境信息披露水平越高；董事会独立性越低，环境信息披露水平越低。

（9）所在交易所

我国的主要证券交易所，如沪、深交易所都是证监会下属的事业单位，尽管在宏观政策和管理方面，上交所和深交所面临的制度环境是一样的，但在上市公司特性和对上市公司监管的微观层面，还是存在一些显著差异的。诸如沪市（除最新的科创板外）基本上以国有企业、传统行业、大型企业为主；深市包括主板、中小板和创业板，上市公司以中小规模、创新型企业为主。而且两家交易所在各自制定的自律性政策、对环保的重视、对上市公司信息环境披露的日常监管方面都有一些差异。由属重点排污单位的上市公司环境信息披露的描述性统计可以看出，深交所上市公司的环境信息披露水平较高，而上交所上市公司的环境信息披露水平相对较低。基于此，提出如下研究假设。

研究假设 9：在深交所上市的公司环境信息披露水平较高，在上交所上市的公司环境信息披露水平较低。

4.3.3 研究设计

4.3.3.1 实证模型

为了对上述 9 个研究假设做出检验，以判断影响属重点排污单位的上市公司环境信息披露的主要因素，设定如下计量模型：

$$\begin{aligned}\mathrm{EDI}_{it} = &\gamma_0 + \gamma_1\mathrm{size}_{it} + \gamma_2\mathrm{lev}_{it} + \gamma_3\mathrm{soe}_{it} + \gamma_4\mathrm{top1}_{it} + \gamma_5\mathrm{roe}_{it} + \gamma_6\mathrm{salary}_{it} + \\ &\gamma_7\mathrm{ceo}_{it} + \gamma_8\mathrm{board}_{it} + \gamma_9\mathrm{market}_{it} + \varepsilon_{it}\end{aligned} \tag{4-1}$$

其中，因变量为环境信息披露（EDI），用于检验环境信息披露影响因素的变量包括 9 个，分别为：公司规模（size）、资产负债率（lev）、股权性质（soe）、股权结构（top1）、盈利能力（roe）、高管薪酬（salary）、两职合一（ceo）、董事会独立性（board）、所在交易所（market）。γ 为待估系数，ε 为随机项，i 表示个体，t 代表年份。

4.3.3.2 变量定义

环境信息披露（EDI），用本章 4.1 节和 4.2 节计算获得的属重点排污单位的上市公司环境信息披露指数，以及形式合规性、全面性、规范性、真实性四个分项指数表示。

公司规模（size）用上市公司期末总资产的自然对数表示。

资产负债率（lev）用上市公司期末总负债占总资产的比例表示，单位为%。

股权性质（soe）为虚拟变量，如果上市公司的最终控制人为国资委或其他政府相关部门，则认为上市公司为国有企业，取值为 1，否则取值为 0。

股权结构（top1）用上市公司第一大股东的持股比例表示，单位为%。

盈利能力（roe）用上市公司的净资产收益率表示。

高管薪酬（salary）用上市公司薪酬最高的前三位高管薪酬的自然对数表示。

两职合一（ceo）为虚拟变量，如果上市公司的董事长和总经理（或总裁）由同一个人担任，则取值为 0，否则取值为 1。

董事会独立性（board）用上市公司独立董事人数占董事总人数的比例表示，单位为%。

所在交易所（market）为虚拟变量，如果上市公司在深交所上市，取值为 1，如果上市公司在上交所上市，取值为 0。

4.3.4 实证检验

4.3.4.1 描述性统计分析

表 4-9 是主要变量的描述性统计结果。可以看出，环境信息披露（EDI）最大值为 58，没有样本的环境信息披露指数得满分，平均值为 35.429，如按百分制折算相当于 89 分，可见我国属重点排污单位上市公司的环境信息披露水平较高。资产负债率（lev）平均值为 39.963%，最大值为 316.562%（002604 龙力生物），除龙力生物外，还有 5 家样本上市公司负债率超过 100%。股权性质（soe）平均值为 0.351，说明只有 35%的企业属于国有企业，大多数样本属于私营企业。股权结构（top1）平均值为 34.113%，最小值为 9.556%，最大值为 78.286%，说明样本公司的股权结构存在较大差异，有些公司的股权较为分散，但有些公司仍然存在一股独大的情况。两职合一（ceo）的平均值为 0.706，说明 70%的重点排污单位不存在两职合一的情况。董事会独立性（board）的平均值为 37.266%，最小值为 30%，最大值为 71.429%，说明所有样本公司都符合证监会关于独立董事人员设置的基本要求。所在交易所（market）的平均值为 0.608，说明六成样本分布在深交所。

表 4-9 描述性统计结果

变量	样本量	均值	最小值	最大值	标准差
环境信息披露（EDI）	296	35.429	4	58	12.841
分项指数——形式合规性	296	10.199	0	13	3.286
分项指数——全面性	296	12.176	0	23	5.611
分项指数——规范性	296	8.348	0	20	4.975
分项指数——真实性	296	4.706	0	5	1.159
公司规模（size）	296	21.973	19.774	25.797	1.010
资产负债率（lev）/%	296	39.963	6.668	316.562	27.386
股权性质（soe）	296	0.351	0	1	0.478
股权结构（top1）/%	296	34.113	9.556	78.286	14.937

变量	样本量	均值	最小值	最大值	标准差
盈利能力（roe）	296	0.083	−1.627	1.264	0.211
高管薪酬（salary）	296	14.467	12.699	16.234	0.591
两职合一（ceo）	296	0.706	0	1	0.485
董事会独立性（board）/%	296	37.266	30	71.429	5.928
所在交易所（market）	296	0.608	0	1	0.489

4.3.4.2 相关性分析

在对各影响因素进行回归分析之前，先对各自变量之间的相关性进行初步检验。从统计学角度来说，自变量间的相关系数如果大于 0.5，则可能出现多重共线性问题。运用 Stata 软件对各变量进行 Person 相关性分析，结果见表 4-10。由表 4-10 可知，除个别变量外，大部分变量间的相关系数均小于 0.5，说明变量间多重共线性的情况并不严重。

表 4-10 各变量 Person 相关性分析

	环境信息披露（EDI）	公司规模（size）	资产负债率（lev）	股权性质（soe）	股权结构（top1）	盈利能力（roe）	高管薪酬（salary）	两职合一（ceo）	董事会独立性（board）	所在交易所（market）
环境信息披露（EDI）	1									
公司规模（size）	0.011 6	1								
资产负债率（lev）	−0.004 3	0.182 7	1							
股权性质（soe）	0.032 2	0.274 2	0.049 5	1						
股权结构（top1）	−0.149 8	0.233 5	−0.130 3	0.193 2	1					
盈利能力（roe）	0.071 2	0.136 8	0.091 5	0.056 8	0.084 3	1				
高管薪酬（salary）	0.039 6	0.306 7	−0.115 6	−0.148 2	0.052 8	0.054 4	1			
两职合一（ceo）	−0.004 4	0.079 2	0.096 4	0.198 2	−0.051 2	0.063 1	0.008 3	1		
董事会独立性（board）	−0.069 2	0.056 4	0.051 6	0.022 4	0.204 4	−0.033 6	−0.037 1	−0.109 5	1	
所在交易所（market）	0.189 1	−0.106	−0.042 6	−0.192	−0.162 9	0.164	−0.007 5	−0.001 4	−0.107 6	1

4.3.4.3 多元线性回归分析

分别以环境信息披露（EDI），以及环境信息披露的 4 个分项指数作为因变量，利用最小二乘估计方法，检验影响重点排污制造业上市公司环境信息披露水平的因素，结果见表 4-11。

表 4-11 多元线性回归分析结果

	（1）	（2）	（3）	（4）	（5）
	环境信息披露	分项指数——形式合规性	分项指数——全面性	分项指数——规范性	分项指数——真实性
公司规模（size）	0.124 （0.767）	0.137 （0.174）	−0.045 （0.368）	0.074 （0.299）	−0.042 （0.081）
资产负债率（lev）	−0.011 （0.021）	−0.004 （0.005）	−0.001 （0.010）	−0.003 （0.008）	−0.003 （0.003）
股权性质（soe）	2.889* （1.710）	0.115 （0.435）	1.055 （0.750）	1.692*** （0.656）	0.027 （0.144）
股权结构（top1）	−0.156*** （0.057）	−0.034** （0.016）	−0.056** （0.025）	−0.062*** （0.020）	−0.004 （0.005）
盈利能力（roe）	2.195 （4.629）	0.808 （1.088）	0.221 （1.998）	0.492 （1.403）	0.675 （0.580）
高管薪酬（salary）	1.175 （1.309）	0.047 （0.329）	0.578 （0.586）	0.454 （0.490）	0.096 （0.124）
两职合一（ceo）	−1.003 （1.471）	−0.463 （0.377）	−0.385 （0.685）	0.002 （0.557）	−0.155 （0.118）
董事会独立性（board）	−0.023 （0.112）	0.012 （0.026）	−0.024 （0.053）	0.001 （0.043）	−0.012 （0.011）
所在交易所（market）	4.445*** （1.646）	1.259*** （0.434）	0.987 （0.728）	2.497*** （0.600）	−0.297** （0.123）
R^2	0.121	0.119	0.086	0.160	0.090
样本量	296	296	296	296	296

注：*、**、***分别表示估计系数在 0.1、0.05、0.01 的水平下显著，括号中的数字为稳健性标准误差，常数项的估计结果略去。

由表 4-11 可看出，不论是以环境信息披露，还是以 4 个分项指数作为衡量属重点排污单位的上市公司环境信息披露水平的指标，公司规模（size）的估计系数在五列回归中均不显著，研究假设 1 没有得到验证。不过，这也恰恰说明只要制造业上市公司属重点排污单位，那么不论其规模大小，都会按照相同的要求规范环境信息披露。

资产负债率（lev）的估计系数在五列回归中均不显著，说明资产负债结构对属重点排污单位的上市公司环境信息披露水平影响不显著，研究假设 2 没有得到验证。

股权性质（soe）的估计系数在第（1）、（4）列回归中显著为正，但在其余三列回归中并不显著，说明国有属重点排污单位的上市公司环境信息披露指数和规范性分项指数较高，这方面的环境信息披露工作相对较好，但这种优势在其余 3 个分项指数中并不明显，研究假设 3 得到部分验证。

股权结构（top1）的估计系数在前四列回归中均显著为负，说明第一大股东持股比例越高，属重点排污单位的上市公司信息披露水平越低，这个结论在形式合规性、全面性、规范性 3 个分项指数的回归中也成立，只有在真实性分项指数中不成立，这是因为样本真实性分项指数的分布较为集中，标准差仅为 1.159，远低于其余变量的标准差，研究假设 4 得到验证。

盈利能力（roe）的估计系数在五列回归中均不显著，说明盈利能力与属重点排污单位的上市公司环境信息披露水平关系不大，研究假设 5 没有得到验证。不过，如同公司规模的回归结果，这也说明了不论企业盈利情况如何，都会按照相应规范披露环境信息，环境信息披露相关规定的效力正在发挥作用。

高管薪酬（salary）的估计系数在五列回归中均不显著，说明高管薪酬对于属重点排污单位的上市公司环境信息披露水平影响并不显著，研究假设 6 没有得到验证。进一步使用高管持股比例作为代理变量，重新回归，结果并没有发生变化。

两职合一（ceo）的估计系数在五列回归中均不显著，说明两职是否合一对于属重点排污单位的上市公司环境信息披露水平影响并不显著，研究假设 7 没有得到验证。

董事会独立性（board）的估计系数在五列回归中均不显著，说明董事会独立性对于属重点排污单位的上市公司环境信息披露水平影响并不显著，研究假设 8 没有得到验证。考虑到由于独立董事占比受相关规定影响而使得数据缺乏变化，用独立董事工作地点是否与上市公司的地点一致作为董事会独立性的代理变量，重新回归，结果并没有发生变化。

所在交易所（market）的估计系数在第（1）、（2）、（4）列回归中显著为正，在第（5）列回归中显著为负，在第（3）列回归中并不显著，说明上市公司所在的交易所对环境信息披露水平的影响是不同的。总体看来，深交所样本的环境信息披露水平，以及形式合规和规范性两个分项指数都显著高于上交所样本，但深交所样本的真实性分项指数明显低于上交所样本，研究假设 9 得到部分验证。两家交易所上市公司类型有所差异，深交所公司总体规模较小、处于高新行业比例相对较高，总体污染程度小于上交所公司，所以其在环境信息披露方面所面临的内部压力小于上交所公司。鉴于两家交易所都要遵循证监会的相关要求，严格规范所辖上市公司的环境信息披露要求，但两家交易所的属重点排污单位的上市公司环境信息披露水平却出现了显著差异，下一步应深度挖掘深交所在环境信息披露监管方面的一些经验，但同时也要关注其在真实性方面的做法是否存在漏洞。

为进一步判断在不同环境信息披露水平下，不同因素影响有何差异，采用分位数回归分析方法，对 0.25、0.5、0.75 3 个分位数的影响因素进行检验，结果见表 4-12。

表 4-12 分位数回归分析结果

	0.25	0.5	0.75
公司规模（size）	−0.591 （1.312）	−1.012 （0.889）	−0.343 （0.897）
资产负债率（lev）	0.013 （0.043）	−0.001 （0.029）	−0.015 （0.030）
股权性质（soe）	2.080 （2.633）	1.414 （1.785）	5.123*** （1.900）
股权结构（top1）	−0.272*** （0.084）	−0.122** （0.057）	−0.041 （0.057）
盈利能力（roe）	5.227 （5.659）	−1.707 （3.836）	−3.198 （3.868）
高管薪酬（salary）	1.125 （2.118）	1.467 （1.436）	2.045 （1.448）
两职合一（ceo）	−1.796 （2.424）	−0.433 （1.643）	−0.841 （1.657）
董事会独立性（board）	0.006 （0.197）	−0.105 （0.133）	0.019 （0.134）
所在交易所（market）	5.213** （2.453）	4.473*** （1.663）	5.594*** （1.677）
Pseudo R^2	0.120	0.101	0.089
样本量	296	296	296

注：**、***分别表示估计系数在 0.05、0.01 的水平下显著，括号中的数字为稳健性标准误差，常数项的估计结果略去。

由表 4-12 可以看出，股权性质（soe）的估计系数只在 0.75 一个分位数回归中显著为正，而在 0.25 和 0.5 两个分位数回归中并不显著，说明当环境信息披露水平较高时，股权性质的影响较大；当环境信息披露水平较低时，股权性质对环境信息披露水平的影响较小。

股权结构（top1）的估计系数在 0.25 和 0.5 两个分位数回归中显著为负，而在 0.75 分位数的回归中并不显著，说明当环境信息披露水平较低时，第一大股东持股比例的提高会显著降低环境信息披露水平；当环境信息披露水平较高时，第一大股东持股比例对环境信息披露的影响并不显著。

所在交易所（market）的估计系数在 0.25、0.5 和 0.75 3 个分位数回归中均显著为正，且在 0.25 分位数回归中更为显著，说明在环境信息披露水平高中低三档中，深交所披露水平均显著好于上交所，且在低水平档中差异更为显著。

分位数回归的结果给我们的启示是，对于不同披露水平的上市公司，关注的重点并不相同。对于环境信息披露水平较低的公司，应当重点关注第一大股东持股比例较大的公司，“一股独大”可能是影响其环境信息披露水平的原因；对于环境信息披露水平较高的公司，应当重点关注私营企业。

4.3.5 小结

通过上述分析，可以得出以下结论：

（1）股权结构、股权性质、所在交易所对属重点排污单位的上市公司环境信息披露水平有显著的影响。国有属重点排污单位的上市公司环境信息披露水平优于非国有属重点排污单位的上市公司环境信息披露；第一大股东持股比例越高，环境信息披露水平越低；深交所的属重点排污单位的上市公司环境信息披露优于上交所的制造业属重点排污单位的上市公司环境信息披露。

（2）公司规模、资产负债率、盈利能力、高管薪酬、两职合一、董事会独立性对环境信息披露水平没有显著的影响。不过，这个结论恰好说明，在日渐严格的环境信息披露规制下，重点排污单位、制造业上市公司的环境信息披露水平已经与公司规模、盈利能力这些曾经重要的特征因素脱钩，不论规模大小、盈利与否，它们都会积极披露环境信息，这一点也是值得肯定的。

4.4 基于模糊集定性比较分析方法的影响因素分析

本节利用 2017—2018 年沪深两市 148 家属重点排污单位的上市公司环境信息披露指数数据，基于模糊集定性比较分析方法，检验和识别影响该类型上市公司环境信息披露水平的主要影响因素组合与组态。

4.4.1 模糊集建立

为保持研究可比性，仍选择公司规模、资产负债率、股权性质、股权结构、盈利能力、高管薪酬、两职合一、董事会独立性、所在交易所等纳入研究。

4.4.1.1 前因条件变量选择与标定

（1）公司规模

变量“规模”，表示上市公司属于大型公司的程度。规模 = 1 表示完全属于大型公司，规模 = 0 表示完全不属于大型公司。用上市公司期末总资产的自然对数表示。

（2）资产负债率

变量“负债率”，用上市公司期末总负债占总资产的比例表示，单位为%。

（3）股权性质

变量“国有”，如果上市公司的最终控制人为国资委或其他政府相关部门，则认为上市公司为国有企业，取值为 1，否则取值为 0。

（4）股权结构

变量“集中”，用上市公司第一大股东的持股比例表示，单位为%。

（5）盈利能力

变量“收益率”，表示上市公司盈利的能力，用公司的净资产收益率表示。

（6）高管薪酬

变量“高薪”，表示高管薪酬高度，用上市公司薪酬最高的前三位高管薪酬的自然对数表示。

（7）两职合一

变量“两职合一”。如果上市公司的董事长和总经理（或总裁）由同一个人担任，则取值为 0，否则取值为 1。

（8）董事会独立性

变量“独董”，表示董事会的独立性，用上市公司独立董事人数占董事总人数的比例表示，单位为%。

（9）所在交易所

变量“交易所”，表示企业所在股票交易所。上市公司在深交所上市取值为 1，在上交所上市取值为 0。

上述变量中“国有”、“两职合一”和“交易所”为二分值变量，即只有 1（属于）和 0（不属于）两种情况。其他变量均采用计量指标值的平均值+标准差作为锚定上限 L_U，平均值–标准差作为锚定下限 L_D。各变量的隶属度计算公式如下：

$$隶属度=\begin{cases}1 & 指标_i > L_U \\ \dfrac{指标_i - L_D}{L_U - L_D} & \\ 0 & 指标_i < L_D\end{cases} \tag{4-2}$$

4.4.1.2 结果标定

被解释的目标为属重点排污单位的上市公司环境信息披露指数，结果变量名称为“信息公开”。以企业环境信息披露总分来表征。与前因变量一样，“信息公开”采用计量指标值的平均值+标准差作为锚定上限 L_U，平均值–标准差作为锚定下限 L_D。

2017 年和 2018 年各企业作为独立个体，其变量和结果的隶属度统计结果见表 4-13。

表 4-13 环境信息披露水平与前因条件变量隶属度统计

统计量	规模	负债率	国有	集中	收益率	高薪	两职合一	独董	交易所	信息公开
个案数	296	296	296	296	296	296	296	296	296	296
平均值	0.34	0.45	0.35	0.47	0.51	0.43	0.72	0.45	0.61	0.54
最大值	1.00	1.00	1.00	1.00	1.00	1.00	1.00	1.00	1.00	1.00
最小值	0.00	0.00	0.00	0.00	0.00	0.00	0.00	0.00	0.00	0.00
标准差	0.28	0.30	0.48	0.37	0.22	0.32	0.45	0.35	0.49	0.34
中位数	0.33	0.41	0.00	0.39	0.48	0.37	1.00	0.17	1.00	0.60

2018 年企业的环境信息披露程度明显高于 2017 年，采用同样的方法（隶属度锚定值为 2018 年变量的平均值±标准差），对前因条件和结果变量进行处理，得到 2018 年属重点排污单位的上市公司环境信息披露程度与前因条件的隶属度，统计结果见表 4-14。

表 4-14 2018 年环境信息披露水平与前因条件变量隶属度统计

统计量	规模	负债率	国有	集中	收益率	高薪	两职合一	独董	交易所	信息公开
个案数	148	148	148	148	148	148	148	148	296	148
平均值	0.35	0.46	0.35	0.47	0.49	0.46	0.71	0.45	0.61	0.52
最大值	1.00	1.00	1.00	1.00	1.00	1.00	1.00	1.00	1.00	1.00
最小值	0.00	0.00	0.00	0.00	0.00	0.00	0.00	0.00	0.00	0.00
标准差	0.28	0.29	0.48	0.37	0.23	0.32	0.45	0.35	0.49	0.33
中位数	0.34	0.42	0.00	0.39	0.48	0.38	1.00	0.17	1.00	0.55

4.4.2 计算与结果分析

分析软件使用美国加州大学尔湾分校 Charles C. Ragin 教授开发的软件 fsQCA 3.0。

4.4.2.1 组态结果统计

利用上述数据，9 个前因条件，理论上可以得到 2^9（512）个组态结果。其中有 360 个组态没有个案，有个案的组态 152 个（表 4-15）。

表 4-15 组态数与个案数量的关系

个案数量	10	7	6	5	4	3	2	1	0
组态数	1	3	3	2	5	14	36	88	360

个案数量最多的组态是：～规模*～负债率*～国有*～集中*～收益率*～高薪*～两职合一*～独董*交易所，有 10 个个案属于深交所上市的非大规模、非高负债、非国有、非高股权集中、非高收益率、非高管高薪、非董事会高独立性、非两职合一的企业。这些企业原始一致性为 0.840 2（一致性大于 0.8，说明组态条件导致结果），说明在深交所的其他 8 个条件的非条件组合可以导致环境信息披露高的结果。这与深交所包含的中小板、创业板等小型、新型的民企高新技术企业有关。

个案数量次多的是 7 个个案，有三种组态，分别是：～规模*～负债率*～国有*～集中*收益率*～高薪*两职合一*～独董*交易所(原始一致性 0.734 1)，～规模*～负债率*～国有*～集中*～收益率*高薪*两职合一*～独董*交易所(原始一致性 0.749 6)，～规模*～负债率*～国有*集中*收益率*高薪*两职合一*独董*交易所（原始一致性 0.784 5)。由于纳入研究的深交所上市公司数量多，故其组态个案数量也相应多。

前因条件与结果的隶属关系如图 4-11 所示。

从图 4-11 可以看出，前因条件规模、两职合一、董事会独立性和信息公开结果的分布在二值图对角线两次数量略有不同，说明这 3 个前因条件隶属度与结果隶属度有一定关联。

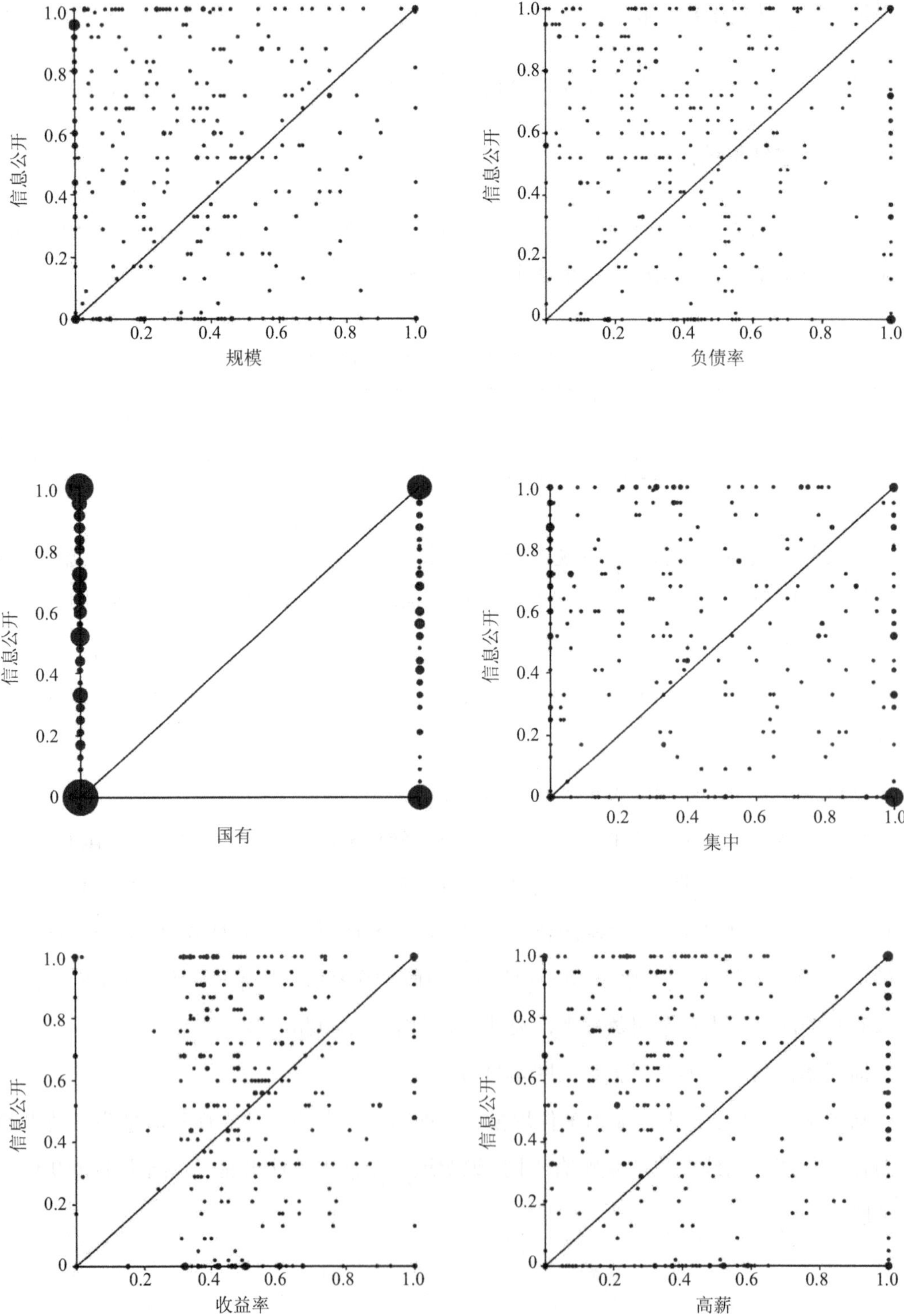
信息公开
规模
信息公开
负债率
信息公开
国有
信息公开
集中
信息公开
收益率
信息公开
高薪

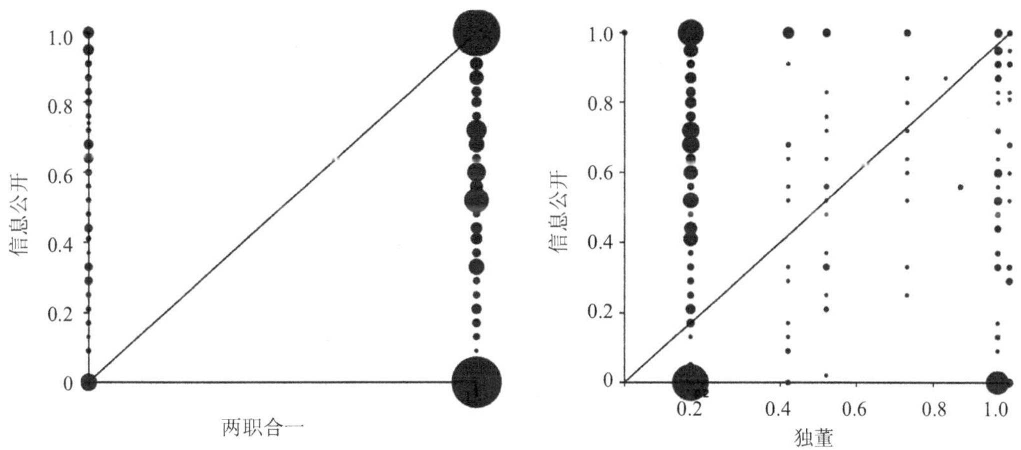

图 4-11　前因条件与信息公开指数隶属度 *x-y* 分布图

4.4.2.2　必要和充分条件分析

利用 fsQCA 方法中的必要条件分析，以信息公开为结果，逐一检查各前因条件及其互补变量对结果的必要条件，结果见表 4-16。

表 4-16　前因条件的充分性和必要性分析

前因条件	一致性	覆盖率	前因条件	一致性	覆盖率	一致性差值	覆盖率差值
规模	0.451	0.710	～规模	0.777	0.644	–0.33	0.07
负债率	0.550	0.671	～负债率	0.687	0.672	–0.14	0.00
国有	0.359	0.554	～国有	0.641	0.537	–0.28	0.02
集中	0.512	0.591	～集中	0.654	0.671	–0.14	–0.08
收益率	0.665	0.708	～收益率	0.647	0.716	0.02	–0.01
高薪	0.526	0.661	～高薪	0.668	0.639	–0.14	0.02
两职合一	0.713	0.541	～两职合一	0.287	0.549	0.43	–0.01
独董	0.517	0.628	～独董	0.670	0.658	–0.15	–0.03
交易所	0.678	0.605	～交易所	0.322	0.446	0.36	0.16

一致性表示该变量导致结果的充分性，覆盖率表示该变量达成结果的隶属度的比率。当一致性指标大于0.8时，才说明该变量对结果是充分条件。从结果可以看出，没有一个条件是导致结果的充分条件。相对而言，两职合一、交易所、～规模和～负债率的充分性较其他5个条件强一些。

从前因条件出现和不出现（～值）对结果的必要性的一致性差值和覆盖率差值可见，前因条件两职合一、交易所、～规模和～国有对结果的出现影响要大于其他条件。说明在深交所上市、两职合一、小规模和非国企这些条件容易导致高的信息披露程度。

覆盖率最大的条件是～收益率，最小的是～交易所，覆盖率说明导致结果的必要性，覆盖率越大该条件对结果的影响力越大。

以信息公开为结果，选择前因条件出现或不出现一致性明显高的一个，考察其两两组合的必要条件，见表4-17，从中可看出，“～国有+两职合一”的一致性和覆盖率综合较高，说明非国有企业控股的民营企业总经理（总裁）和董事长两职合一，导致高环境信息披露的充分性更大些，“～规模+两职合一”一致性最高，但覆盖率排序不高。

表4-17 前因条件组合的必要条件一致性和覆盖率

条件组合	一致性	一致性排序	覆盖率	覆盖率排序
～规模+独董	0.855	23	0.467	11
～规模+负债率	0.894	8	0.470	10
～规模+高薪	0.876	16	0.461	12
～规模+国有	0.911	6	0.454	18
～规模+集中	0.877	15	0.455	17
～规模+交易所	0.930	3	0.445	21
～规模+两职合一	0.962	1	0.427	25
～规模+收益率	0.887	10	0.481	9
～国有+～规模	0.878	13	0.568	2
～国有+独董	0.816	31	0.558	5
～国有+负债率	0.844	29	0.560	4
～国有+高薪	0.794	32	0.554	6
～国有+集中	0.852	24	0.546	8
～国有+交易所	0.845	28	0.561	3
～国有+两职合一	0.958	2	0.550	7
～国有+收益率	0.886	12	0.578	1

条件组合	一致性	一致性排序	覆盖率	覆盖率排序
交易所+独董	0.887	11	0.448	19
交易所+负债率	0.876	17	0.448	20
交易所+高薪	0.876	18	0.461	13
交易所+高薪	0.876	19	0.461	14
交易所+规模	0.857	22	0.460	15
交易所+国有	0.852	25	0.439	22
交易所+集中	0.878	14	0.434	23
交易所+两职合一	0.928	5	0.425	28
交易所+收益率	0.893	9	0.460	16
两职合一+独董	0.850	26	0.410	31
两职合一+负债率	0.849	27	0.424	29
两职合一+高薪	0.875	20	0.425	26
两职合一+规模	0.826	30	0.421	30
两职合一+国有	0.755	33	0.399	33
两职合一+集中	0.864	21	0.408	32
两职合一+交易所	0.928	4	0.425	27
两职合一+收益率	0.904	7	0.434	24

4.4.2.3 共存分析

利用fsQCA方法中的共存分析，对条件组合的共存度进行分析。共存度表示满足该条件集合的重叠程度，共存度越高说明在整个研究对象中满足各条件的集合越集中，条件对结果的解释度就越高。与结果“信息公开”共存的前因条件排序前40的组合见表4-18。

表4-18 信息公开与前因条件共存分析

序号	条件组合	共存度	序号	条件组合	共存度
1	收益率	0.522	21	规模，高薪	0.248
2	交易所	0.470	22	负债率，独董	0.243
3	两职合一	0.444	23	规模，负债率，收益率	0.239
4	负债率	0.434	24	集中，独董	0.230
5	高薪	0.414	25	高薪，独董	0.229
6	独董	0.396	26	负债率，交易所	0.227
7	规模	0.381	27	两职合一，独董	0.224

序号	条件组合	共存度	序号	条件组合	共存度
8	集中	0.378	28	高薪，两职合一	0.223
9	负债率，收益率	0.335	29	高薪，交易所	0.220
10	收益率，高薪	0.302	30	负债率，集中	0.217
11	规模，收益率	0.293	31	负债率，收益率，高薪	0.213
12	收益率，交易所	0.291	32	集中，高薪	0.212
13	收益率，两职合一	0.290	33	集中，两职合一	0.211
14	收益率，独董	0.286	34	负债率，收益率，独董	0.211
15	规模，负债率	0.280	35	规模，两职合一	0.209
16	集中，收益率	0.278	36	负债率，收益率，两职合一	0.209
17	国有	0.278	37	规模，独董	0.208
18	两职合一，交易所	0.277	38	规模，收益率，高薪	0.205
19	负债率，两职合一	0.255	39	规模，集中	0.203
20	负债率，高薪	0.249	40	独董，交易所	0.202

与结果“信息公开”共存度最高的是收益率、交易所、两职合一、负债率等。共存度高说明该条件组合出现的频次高。

显然结果与条件的组合越多其共存度就越低，不同数量前因条件与结果组合的最大和最小共存度及其依次新出现的变量见表 4-19 和表 4-20。

表 4-19 不同前因数量条件与结果组合的最大共存度

共存度	条件组合	条件个数	新增条件
0.522	收益率	1	收益率
0.335	负债率*收益率	2	负债率
0.239	规模*负债率*收益率	3	规模
0.169	规模*负债率*收益率*高薪	4	高薪
0.118	规模*负债率*收益率*高薪*独董	5	独董
0.082	规模*负债率*集中*收益率*高薪*独董	6	集中
0.056	规模*负债率*集中*收益率*高薪*两职合一*独董	7	两职合一
0.033	规模*负债率*集中*收益率*高薪*两职合一*独董*交易所	8	交易所

表 4-20 不同前因数量条件与结果组合的最小共存度

共存度	条件组合	条件个数	新增条件
0.278	国有	1	国有
0.103	国有*高薪	2	高薪
0.048	国有*高薪*交易所	3	交易所
0.021	国有*高薪*独董*交易所	4	独董
0.016	负债率*国有*高薪*独董*交易所	5	负债率
0.013	负债率*国有*集中*高薪*独董*交易所	6	集中
0.010	负债率*国有*集中*高薪*两职合一*独董*交易所	7	两职合一
0.009	规模*负债率*国有*集中*高薪*两职合一*独董*交易所	8	规模

最大共存度新增条件出现的次序是收益率、负债率、规模、高薪、独董、集中、两职合一、交易所。最小共存度新增条件出现的次序是国有、高薪、交易所、独董、负债率、集中、两职合一、规模。从共存度分析可以看出，与信息公开结果共同出现的条件是收益率。公司收益率高与信息披露程度高的重叠度最高，最低的是国有、高薪，这与国有企业数量少有关。

4.4.2.4 真值表与求解分析

按照 fsQCA 方法，得到属重点排污单位的上市公司信息公开结果与前因条件的真值，见表 4-21。

表 4-21 信息公开结果与前因条件真值（截取频率 3）

前因条件									个案数	结果	统计量		
规模	负债率	国有	集中	收益率	高薪	两职合一	独董	交易所		信息公开	原始一致性	PRI 一致性	SYM 一致性
0	0	0	0	0	0	0	1	1	3	1	0.933 3	0.813 8	0.813 8
0	0	1	0	0	0	1	0	1	4	1	0.927 0	0.787 5	0.787 5
0	0	0	0	0	0	1	1	1	3	1	0.907 4	0.781 7	0.781 7
0	0	0	0	0	1	0	0	1	6	1	0.905 9	0.836 2	0.836 2
0	0	0	1	0	0	1	1	1	3	1	0.899 3	0.763 5	0.763 5
0	1	0	0	1	0	1	1	1	3	1	0.898 0	0.710 0	0.731 8
0	0	1	0	1	1	1	0	1	3	1	0.890 6	0.750 9	0.772 2
0	0	0	0	1	0	0	0	1	5	1	0.875 4	0.758 4	0.758 4
0	1	0	0	0	0	1	0	1	3	1	0.868 5	0.712 7	0.712 7
0	0	1	0	0	0	1	0	0	4	1	0.858 8	0.777 4	0.777 4

前因条件									个案数	结果	统计量		
规模	负债率	国有	集中	收益率	高薪	两职合一	独董	交易所		信息公开	原始一致性	PRI一致性	SYM一致性
0	0	1	1	1	0	1	1	1	3	1	0.851 1	0.708 3	0.708 3
0	1	0	0	1	0	1	0	1	4	1	0.843 5	0.635 9	0.635 9
0	0	0	0	0	0	0	0	1	10	1	0.840 2	0.710 7	0.727 7
1	1	0	0	1	1	1	0	1	6	1	0.831 2	0.606 3	0.608 4
0	0	1	1	1	0	1	0	1	4	1	0.803 9	0.628 0	0.652 4
0	0	0	1	1	1	1	1	1	7	0	0.784 5	0.582 2	0.582 2
0	1	1	0	1	0	1	0	0	3	0	0.771 6	0.585 5	0.588 9
0	0	0	0	0	0	1	0	1	4	0	0.768 1	0.541 0	0.541 0
0	0	0	0	0	1	1	0	1	7	0	0.749 6	0.476 6	0.478 1
0	0	0	1	0	0	0	0	0	3	0	0.741 5	0.348 8	0.401 8
0	0	0	0	1	0	1	0	1	7	0	0.734 1	0.489 7	0.489 7
1	1	0	1	0	1	1	0	0	3	0	0.727 5	0.462 8	0.470 6
0	0	0	1	0	1	0	0	0	6	0	0.713 0	0.380 0	0.381 5
0	0	0	0	0	0	1	0	0	5	0	0.681 6	0.474 6	0.474 6
0	0	1	1	1	0	1	1	0	3	0	0.680 8	0.431 5	0.431 5
1	1	1	1	0	0	1	0	0	3	0	0.649 8	0.315 5	0.315 5
1	1	1	1	1	0	1	0	0	3	0	0.618 4	0.306 6	0.306 6
0	0	0	1	0	0	0	1	0	3	0	0.592 8	0.265 0	0.265 0

选择频率阈值 3，一致性阈值 0.8，采用 Quine-McCluskey 方法，求解得到导致结果的前因条件组合，满足要求的完全解，见表 4-22。

表 4-22　信息公开与前因条件完全解

组态	覆盖率	一致性
～规模*～负债率*～国有*～集中*～高薪*～两职合一*～独董*交易所	0.072	0.817
～规模*～负债率*～国有*～集中*～收益率*～两职合一*～独董*交易所	0.074	0.863
～规模*～负债率*国有*～集中*～收益率*～高薪*两职合一*～独董	0.069	0.898
～规模*负债率*～国有*～集中*～高薪*两职合一*～独董*交易所	0.075	0.851
～规模*～负债率*～国有*～收益率*～高薪*两职合一*独董*交易所	0.072	0.874
～规模*负债率*～国有*～集中*收益率*～高薪*两职合一*交易所	0.092	0.862
～规模*～负债率*国有*集中*收益率*～高薪*两职合一*交易所	0.056	0.819
～规模*～负债率*国有*～集中*收益率*高薪*两职合一*～独董*交易所	0.036	0.891
规模*负债率*～国有*～集中*收益率*高薪*两职合一*～独董*交易所	0.069	0.831
～规模*～负债率*～国有*～集中*～收益率*～高薪*～两职合一*交易所	0.081	0.865
～规模*～负债率*～国有*～集中*～收益率*～高薪*独董*交易所	0.107	0.919
解的覆盖率	0.370 9	
解的一致性	0.846 1	

表 4-22 中的第一个组态导致结果可以表示为：～规模*～负债率*～国有*～集中*～高薪*～两职合一*～独董*交易所 ⟶ 信息公开，其一致性为 0.817，大于 0.8，说明前因条件组合导致结果是充分的，即上市公司属于资产规模不大、负债率低、非国有控股、股权集中度不高、高管薪酬不高、不是董事长与总经理（或总裁）两职合一、董事会独立性不高、在深交所上市的公司，其环境信息披露程度高。完全解给出了 11 种导致高环境信息公开水平的条件组合，覆盖率接近 0.4，即上述 11 种组态覆盖的上市公司，能够占到、解释披露水平高的上市公司中的近四成，模型结果解释力相对较强。

按照布尔最小化方法，计算得出上述完全解的简约解（质蕴涵解），见表 4-23。

表 4-23 信息公开与前因条件简约解

组态	覆盖率	一致性
～负债率*国有*～独董	0.173	0.724
～高薪*独董*交易所	0.248	0.799
～集中*～两职合一	0.178	0.700
～两职合一*交易所	0.200	0.700
负债率*交易所	0.363	0.762
负债率*～国有*～集中	0.285	0.745
解的覆盖率	0.707	
解的一致性	0.723	

简约解一致性均大于 0.7 小于 0.8，小于 0.8 说明未达到解释力较强程度，但大于 0.7 说明通过了基本检验，有一定程度的解释力[235]。简约解一致性最高的是“～高薪*独董*交易所”，说明深交所上市的非高管高薪且董事会独立性高的公司，环境信息披露程度高。

在简约解组态条件中规模和收益率没有出现。在完全解中只有 1 个组态是“规模”，其他都是“～规模”；有 2 个组态没有收益率，其他 9 个组态，5 个是“～收益率”，4 个为“收益率”，说明上市公司规模大小这个条件对企业环境信息披露程度高的影响较小。收益率也不是决定上市公司环境信息披露程度的关键条件。

简约解中的“交易所”“负债率”变量出现在 3 个组态中，其影响最大。而交易所在各组态中均为正向（1），说明深交所上市企业信息披露程度高。负债率条件的有 2 个正向 1 个负向，其影响不确定。两职合一、集中出现在 2 个组态中，均为负向（0），说明非两职合一和股权不集中的条件更倾向于披露更多信息。

4.4.3 “分位数”模糊集定性比较分析

对 148 家属重点排污单位的上市公司 2017 年和 2018 年的环境信息披露总分（信息公开）进行分析，选择其中最高 25%作为高位组，最低 25%作为低位组，其他为中位组。各组的信息公开隶属度重新按照该组中得分值的平均值±标准差作为锚定，重新计算。

选择频率阈值 2，一致性阈值 0.8，采用 Quine-McCluskey 方法，求解导致结果的前因条件组合，得到满足要求的完全解和简约解。

（1）低位组

低位组有 73 个个案（真值表略）。

完全解为：～规模*～负债率*～国有*～集中*～收益率*～高薪*两职合一*～独董*～交易所，一致性为 0.807 6，覆盖率为 0.066 5。

（2）中位组

中位组有 149 个个案（真值表略）。

简约解为：

～规模*～负债率*～国有*～集中*～收益率*～独董*交易所+

～规模*～负债率*～国有*～集中*～高薪*～独董*交易所+

～规模*～负债率*～国有*～集中*～收益率*～高薪*交易所+

～规模*～负债率*～国有*～集中*～高薪*两职合一*交易所+

～规模*负债率*国有*～集中*～收益率*～高薪*两职合一*～独董*～交易所，一致性为 0.799 4，覆盖率为 0.266 9。可以看出，前因条件～规模出现在所有组态中，～负债率～国有～集中，出现在 4/5 的组态中。深交所、小规模、低负债、非国有、股权不集中的企业在中位组中导致信息公开度高。

（3）高位组

高位组有 63 个个案（真值表略）。

简约解为：

规模*负债率*国有*～集中*～收益率*～高薪*两职合一*独董*交易所 +

～规模*～负债率*国有*集中*收益率*～高薪*两职合一*独董*交易所，一致性为 0.921 7，覆盖率为 0.110 4。可以看出，其组态均为在深交所上市、国有、独董、两职合一、高管薪酬不高，而规模、负债率、收益率和集中这 4 个变量互反。

4.4.4 低信息披露水平分析

定性比较分析方法认为变量之间不是对称的，即导致环境信息披露水平高的因素的反向，并不一定导致环境信息披露水平低，因而应专门分析导致环境信息披露水平低的条件组合。

此处进行属重点排污单位的上市公司环境信息披露的非结果分析，选取～信息公开作为结果变量，对全部个案进行分析。选择频率截取 3，一致性截取 0.8，真值如表 4-24 所示。

表 4-24 非信息公开结果与前因条件真值（截取频率 3）

规模	负债率	国有	集中	收益率	高薪	两职合一	独董	交易所	个案数	～信息公开	原始一致性	PRI 一致性	SYM 一致性
0	0	0	1	0	0	0	1	0	3	1	0.853	0.735	0.735
1	1	1	1	0	0	1	0	0	3	1	0.839	0.684	0.684
1	1	1	1	1	0	1	0	0	3	1	0.831	0.693	0.693
0	0	0	1	0	1	0	0	0	6	1	0.822	0.616	0.618
0	0	0	1	0	0	0	0	0	3	1	0.809	0.519	0.598
0	0	0	0	0	1	1	0	1	7	0	0.770	0.520	0.522
0	0	1	1	1	0	1	1	0	3	0	0.758	0.568	0.568
1	1	0	1	0	1	1	0	0	3	0	0.757	0.521	0.529
0	0	0	0	1	0	1	0	1	7	0	0.745	0.510	0.510
0	1	0	0	1	0	1	1	1	3	0	0.740	0.260	0.268
1	1	0	0	1	1	1	0	1	6	0	0.739	0.390	0.392
0	0	1	0	0	0	1	0	1	4	0	0.730	0.213	0.213
0	1	0	0	1	0	1	0	1	4	0	0.727	0.364	0.364
0	0	0	0	0	0	1	0	1	4	0	0.727	0.459	0.459
0	0	0	0	0	0	1	0	0	5	0	0.712	0.525	0.525
0	0	0	0	0	0	0	1	1	3	0	0.709	0.186	0.186
0	0	0	1	1	1	1	1	1	7	0	0.700	0.418	0.418
0	0	0	1	0	0	1	1	1	3	0	0.675	0.237	0.237
0	1	1	0	1	0	1	0	0	3	0	0.674	0.409	0.411
0	1	0	0	0	0	1	0	1	3	0	0.674	0.287	0.287
0	0	0	0	0	0	1	1	1	3	0	0.668	0.218	0.218
0	0	1	0	1	1	1	0	1	3	0	0.658	0.221	0.228
0	0	1	1	1	0	1	0	1	4	0	0.649	0.335	0.348
0	0	1	1	1	0	1	1	1	3	0	0.638	0.292	0.292
0	0	0	0	1	0	0	0	1	5	0	0.609	0.242	0.242
0	0	0	0	0	0	0	0	1	10	0	0.595	0.266	0.272
0	0	0	0	0	1	0	0	1	6	0	0.519	0.164	0.164
0	0	1	0	0	0	1	0	0	4	0	0.507	0.223	0.223

完全解如表 4-25 所示。

表 4-25 非信息公开与前因条件完全解

组态	覆盖率	一致性
～规模*～负债率*～国有*集中*～收益率*～两职合一*～独董*～交易所	0.040	0.774
～规模*～负债率*集中*～收益率*～高薪*～两职合一*独董*～交易所	0.044	0.908
～规模*负债率*～国有*～集中*～高薪*两职合一*独董*～交易所	0.063	0.822
～规模*负债率*国有*集中*～收益率*～高薪*独董*～交易所	0.055	0.872
规模*负债率*国有*集中*～收益率*两职合一*～独董*～交易所	0.049	0.843
规模*负债率*国有*集中*收益率*～高薪*两职合一*～交易所	0.062	0.840
规模*～负债率*～国有*～集中*～收益率*高薪*～两职合一*～独董*～交易所	0.012	0.822
规模*负债率*～国有*～集中*～收益率*～高薪*～两职合一*独董*交易所	0.026	0.944
解的覆盖率	0.243 7	
解的一致性	0.824 5	

完全解组态中前因条件出现的次数如表 4-26 所示。

表 4-26 完全解中前因条件出现的次数

条件	规模	负债率	国有	集中	收益率	高薪	两职合一	独董	交易所
正	4	5	3	5	1	1	3	4	1
反	4	3	4	3	6	5	4	3	7

因此可以说导致属重点排污单位的上市公司信息披露程度不高的因素，解释度高的条件依次是～交易所、～收益率、～高薪、负债率、集中（正反条件差值由大到小）。

简约解如表 4-27 所示。

表 4-27 非信息公开与前因条件简约解

组态	覆盖率	一致性
～两职合一*～交易所	0.140	0.575
负债率*独董*～交易所	0.213	0.792
负债率*～国有*～收益率*独董	0.243	0.804
负债率*国有*集中*～交易所	0.116	0.766
解的覆盖率	0.473 0	
解的一致性	0.689 3	

简约解中高一致性组态的相同条件是负债率和～交易所，这两个条件可以看作是导致信息公开程度低的关键条件。

4.4.5 小节

通过以上分析，可以看出：

①从导致信息披露水平高的结果的必要条件分析看，前因条件两职合一、交易所、～规模和～负债率对结果的出现影响要大于其他条件。说明在深交所上市、两职合一、小规模和低负债率企业这些条件容易导致高的信息披露程度。

②从共存度分析可以看出，与信息公开结果共同出现的条件是收益率。公司收益率高与信息披露程度高的重叠度最高，最低的是国有、高薪，这与国有企业数量少有关。

③从总体结果的简约解看，～负债率*国有*～独董+～高薪*独董*交易所+负债率*交易所+负债率*～国有*～集中这四种组态对导致环境信息披露程度高的解释度较高，即低负债率的独立董事占比小的国有上市公司、深交所上市的非高管高薪且独立董事占比高的上市公司、深交所上市的高负债率的上市公司、股权分散的负债率高的民营上市公司这四种情况，环境信息披露程度高。公司规模大小这个条件对企业环境信息披露程度高的影响较小，收益率也不是决定上市公司环境信息披露程度的关键条件。

④从模拟“分位数”模糊集定性比较分析结果来看，低位组只有一个有效完全解，规律性不强；中位组简约解解释力较强，～规模出现在所有组态中，～负债率～国有～集中出现在 4/5 的组态中，即在深交所上市的、小规模、低负债率、股权分散的民营属重点排污单位的上市公司环境信息披露水平高；高位组有两个有效完全解，即在深交所上市的、独立董事占比高的、董事长与总经理（总裁）分离的、高管薪酬不高的国有属重点排污单位的上市公司环境信息披露水平高。

⑤从导致非环境信息公开的结果看，～交易所和～收益率是关键条件，即从政策含义看，应加大对表 4-25 中全部完全解所代表和覆盖的重点排污上市公司的督促，其代表了全部上市公司中的 1/4；另外，在有余力时，可重点关注上交所上市、高负债率的企业，督促其提高环境信息披露水平。

4.5 结论

①从属重点排污单位的上市公司环境信息披露水平看，披露情况不错，2018 年较 2017

年有显著提高；形式合规性和仅以重大环境行政处罚计的真实性已经达到很高水平，平均得分率（平均分/满分比例）已经超过九成，全面性和规范性仍需提高，但也有很大改善。

根据笔者未纳入本书的以往研究看，2016 年属重点排污单位的上市公司即使仅从形式合规性层面考虑，有 1/3 上市公司“零披露”环境信息，均分只有满分的三成左右，与目前形式合规性平均超过九成，全面性与规范性也达到一个不错的水平相比，差异很大，同时也说明，在近 3 年强力的环保外在压力下，在合规基准相对比较清晰的情况下，上市公司环境信息披露水平提升显著且迅速。

②从重点排污上市公司环境信息披露水平影响因素来看，多元线性回归、分位数回归、模糊集定性比较分析方法识别的环境信息披露影响因素总结如表 4-28 所示，为使对比清晰，将回归方法与定性比较分析方法计算结果中识别的主要因素及因素方向完全一致的，在表中用下划线（____）突出展示，可以看到，方法得到的结果基本一致，即从总体上来说，在深交所上市和股权分散促进环境信息披露；在中位组情况与总体情况基本一致；在高位组主要是在深交所上市和国有控股促进环境信息披露。而定性比较分析方法，提供了一些更为细致的视角与政策关注重点群体，可提升监管针对性。

表 4-28 各种方法识别的影响因素总结

	多元线性回归	分位数回归	QCA	模拟分位数 QCA
全部	（+）交易所、（–）股权结构、（+）股权性质		交易所、～两职合一、～集中	
低位组（25%）		（–）股权结构、（+）交易所		～规模*～负债率*～国有*～集中*～收益率*～高薪*两职合一*～独董*～交易所
中位组（50%）		（–）股权结构、（+）交易所		交易所、～规模、～负债率、～国有、～集中
高位组（75%）		（+）股权性质、（+）交易所		交易所、国有、独董、两职合一、～高薪

③从导致重点排污上市公司环境信息披露水平低的影响因素来看，基于对称性，多元线性回归结果［（–）交易所、（+）股权结构、（–）股权性质］，即上交所、股权集中和民营企业容易导致低披露；与 4.4.4 节简约解与完全解结果：～交易所、～收益率、～高薪、负债率、集中等因素容易导致低披露，上交所公司和负债率高的公司容易导致低披露是一致的，可以作为最优先监管对象，多元线性回归发现的民营企业，定性比较分析发现的高负债率、低收益率、非高薪上市公司也可以作为补充监管对象。

5 房地产行业上市公司环境信息披露状况评估及影响因素分析

为顺应全部上市公司将履行强制性环境信息披露要求的政策趋势，提前做好技术储备和基础工作，本章选取开始逐步履行强制性披露要求（技术要求尚未明确）但既往研究涉及较少的房地产行业上市公司开展研究。房地产行业上市公司既不同于属重点排污单位的上市公司，也与金融业等纯服务业上市公司有差别，可以视为处于一种生产与服务之间、兼具二者某些特征的过渡类公司主体，有一定的研究代表性和价值。基于 3.1 节建立的合规性评估框架建立适用于房地产类上市公司的环境信息披露合规性评估具体方法，对 2017 年和 2018 年实际披露情况开展实证评估，识别房地产行业上市公司环境信息披露的现状、进展、特征和问题；同时，使用两种回归方法和定性比较分析方法对其环境信息披露水平的影响因素进行了分析。

5.1 研究对象、数据来源和合规度评估方法细化

5.1.1 研究对象和数据来源

根据证监会发布的上市公司行业分类，2017 年和 2018 年属于房地产行业的上市公司共计 129 家，其中成都前锋电子股份有限公司被北京汽车集团有限公司收购，原公司 SST 前锋（600733）变更为北汽蓝谷（600733），中弘股份（000979）于 2018 年 12 月退市，这 2 家企业不纳入此次评估，实际评估对象为 127 家。

EDI 计算的数据来源为 2017 年和 2018 年上述上市公司年度报告（半年度报告）、社会责任报告（包括环境责任报告）、临时报告及其官方网站上公布的环境信息。部分数据主要从交易所网站、巨潮信息网等其他权威财经网站获取。环境信息披露水平影响因素评估需要的数据，来自国泰安数据库，同时随机抽取样本，将数据库的数据与年报数据

比对，以保证数据的准确性。

5.1.2 合规度评估方法细化与构建

从现有研究、企业实际披露和政策关注及制定等情况来看，对属重点排污单位的上市公司（制造业类、传统污染类）环境信息披露较多，研究也较为系统（聚焦于固定源排污行为）。但长期以来，对诸如房地产、服务业等非制造业类行业企业环境问题关注不多，对其环境行为特性、环境信息披露状况与存在问题研究很少，对其披露“合规性”状况更未开展研究，这些都不利于未来覆盖所有上市公司的环境信息强制性披露制度的实施。

属重点排污单位的上市公司，其环境行为特性和环境信息披露责任清晰（即围绕固定源排污和治理），有健全的法规和规范体系，所以，不需要对其进行理论分析，直接依据现行法规标准和技术规范即可构建清晰的“合规性”评估方法及细则。而房地产上市公司理论与法规规范均不够清晰，所以，本节以对房地产行业企业环境特性和现有自愿性环境信息披露要求两方面分析为基础，提出房地产行业上市公司应披露的内容（具体披露指标），并结合 3.1 节合规性框架提出细化的评估方法。

5.1.2.1 理论框架分析与现有自愿性披露要求

首先，分析房地产行业企业环境行为特性，建立房地产企业环境行为框架和环境信息披露责任框架。①房地产企业自身有一定污染排放，可能对生态造成破坏。房地产开发、建设、运营过程中会产生扬尘、机械尾气、废水、VOCs、建筑垃圾等。同时，房地产产业链可能破坏生态，如采砂石等原料可能破坏河道，选址不当或不合规会破坏生态。②房地产通过产业链串起的上下游诸多高污染、高排放行业。房地产企业消耗大量的原材料，如钢材、水泥、混凝土、玻璃、石材、瓷砖、涂料、阻燃材料，甚至家电等，多是高能耗、高排放的企业。③房地产等非制造类企业对规范上游行业企业环境行为、构建绿色供应链具有重要引导作用。房地产行业接近产业链末端，对上游多种行业的供货商均有重大影响，如果房地产企业对自身、对供货商的环境表现提出更高标准，能够起到以点带线甚至以点带面的协同绿色转型效果。

基于上述分析，同时在考虑其自身环境影响和对上下游产业链绿色转型贡献潜力的基础上，提出房地产企业“两类主体、五大问题、三大职责”的环境行为框架，也是其环境信息披露责任框架，具体如下所述。①两类主体是房地产企业自身、上下游产业链相关企业；②房地产企业及上下游产业链存在的五大环境问题是生态破坏、空气污染、碳排放量大、上下游行业污染物排放量大、资源能源消耗量大；③三大职责是保护生态、防治污染和履行环境责任，如图 5-1 所示。

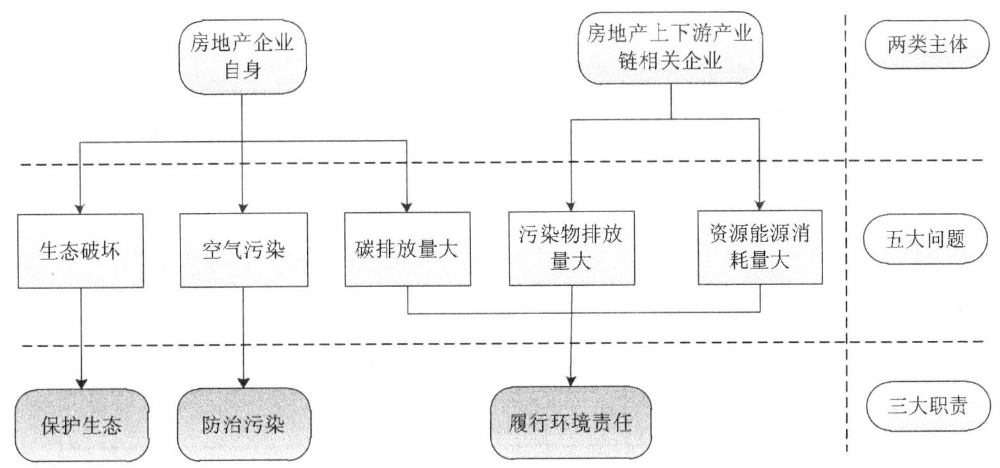

图 5-1 房地产行业环境行为（环境信息披露责任）框架

其次，收集与分析现有房地产企业环境信息披露的自愿性要求。主要参考的规范有《企业事业单位环境信息公开办法》《2 号准则》《3 号准则》《上海证券交易所上市公司环境信息披露指引》《深圳证券交易所上市公司社会责任指引》《广东省房地产企业社会责任指引》等，分析这些文件的披露内容与披露指标要求，为后续建立评估指标与评估细则奠定基础。此处不做详细列举与叙述[①]，仅举两例：一是以《2 号准则》为例，“鼓励公司自愿披露有利于保护生态、防治污染、履行环境责任的相关信息”；二是《广东省房地产企业社会责任指引》要求“房地产企业宜引导上下游合作企业注重环境保护”等。

5.1.2.2 评估指标与评估细则

基于前述环境行为（环境信息披露责任）理论框架、现有自愿性环境信息披露要求，提出包括保护生态、防治污染、履行环境责任三大方面共计 16 项具体指标的评估框架，参见表 5-1。同时，由于目前房地产公司环境信息披露要求暂属于自愿性、强制力不强，导致企业连基础的形式合规性也难以达到；另外，关于房地产行业环境管理的法规标准

① 细节见笔者《非制造业类上市公司环境信息披露合规性评估方法与现状分析——以房地产行业为例》表 1。

和技术规范体系远不如重污染行业扎实和齐全，即暂不具备开展全面性和规范性评估的实践基础和技术依据。所以，针对于房地产的环境信息披露“合规性”评估框架，仅包括形式合规性和真实性两方面，其中形式合规性每项指标 1 分（共计 16 分），真实性评估细则与 4.1.3.2 节一致。评估方法细则如表 5-1 所示。

表 5-1 房地产行业环境信息披露评估指标体系与评估细则

<table>
<tr><th>评估方面</th><th>评估指标</th><th>形式合规性</th><th>真实性</th></tr>
<tr><td rowspan="4">保护生态</td><td>1. 降低运营对环境和生态资源重大影响的政策，或遵守与生态保护相关的法律法规等情况</td><td>描述在生态保护方面遵守法律法规、内部政策的名称或做法，任意披露一项即可得分</td><td rowspan="10">环境行政处罚信息的披露情况（总分 5 分）</td></tr>
<tr><td>2. 为保护生态采取的措施</td><td>披露在生态保护方面采取的措施（如植树造林）或其他具体措施的实行情况均可得分</td></tr>
<tr><td>3. 为保护生态制定的定性、定量目标</td><td>披露定性目标（如公司致力于保护生态）或定量目标（具体的数字）均可得分</td></tr>
<tr><td>4. 描述在保护生态方面取得的成果</td><td>披露定性成果（如生态环境得到改善、职工环保意识增强）或定量成果均可得分</td></tr>
<tr><td rowspan="6">防治污染</td><td>1. 公司有关废气及温室气体、废水、固体废物等污染物排放控制的内部措施，或遵守与控制污染相关的法律法规情况</td><td>描述在防治污染方面遵守法律法规、内部政策名称或内部政策描述，披露任何一项即得分</td></tr>
<tr><td>2. 排放水、气、固体废物等污染物种类、总量、浓度及去向</td><td>披露主要排放的水、气或固体废物污染因子的种类、总量、浓度或去向，披露其中任意一项即得分，如解释说明不涉及排放问题也得分</td></tr>
<tr><td>3. 生产运用过程中废物的处理、处置和资源回收及利用情况</td><td>披露水、气或固体废物的收集、控制、治理等情况，或废弃物回收、综合利用情况任意内容即可得分；披露公司在上述方面的内部措施或要求也可得分</td></tr>
<tr><td>4. 为防治污染采取的措施</td><td>披露在防治环境污染方面采取的措施，或披露相关措施具体实行情况均得分</td></tr>
<tr><td>5. 为防治污染所制定的目标</td><td>披露为防治污染制定的定性目标或定量目标均得分</td></tr>
<tr><td>6. 在防治污染方面取得的成果</td><td>披露定性成果或定量成果均可得分</td></tr>
</table>

评估方面	评估指标	形式合规性	真实性
履行环境责任	1. 年度资源消耗总量	披露能源、水资源、土地或原材料等任意一项资源消耗总量可得分，消耗总量须包含具体数字与单位，公布CO_2排放量也可得分	环境行政处罚信息的披露情况（总分5分）
	2. 环保投资与环境新技术开发情况	披露公司在防治污染、保护生态方面的投资，或新技术开发及使用情况均可得分	
	3. 环保治理设施建设和运行情况	披露水、气、固体废物、噪声等环保设施的建设或运行情况均可得分；如仅披露已按要求建设环保设施，或环保设施正常运行等描述性信息也可得分	
	4. 与环保部门签订的自愿环境协议	披露与各级环保部门签订的改善企业自身环境行为的自愿协议或披露协议主要内容等均可得分	
	5. 受到环保部门奖励的情况	披露受到环保部门奖励的名称、等级、原因等均可得分	
	6. 是否有负面环境信息	披露是否受到环境行政处罚、有超标排放行为、受到环保投诉举报、涉及环保诉讼及其他任何负面环境信息即可得分。如提及没有相关负面环境信息（如报告期内无超标排放行为等）也可得分	

5.2 合规性评估结果

5.2.1 整体结果

由于 2017 年和 2018 年无房地产上市公司母公司受处罚情况，即所有参评企业真实性均为满分，所以，真实性不计入后续结果分析，后续评估结果仅分析形式合规性得分。

2017 年 127 家房地产上市公司均分为 3.84 分（满分 16 分），最高分为 13 分，最低分为 0 分；2018 年均分为 4.87 分（满分 16 分），最高得分为 15 分，最低得分为 0 分。总体披露情况不乐观，2018 年虽有改善，但均分仍不到满分的 1/3。2017 年完全未披露任何环境信息的上市公司为 48 家，即得分为 0 分的公司占总数的 37.80%，2018 年得分为 0 分的公司占比降至 7.87%。总体来看，2018 年房地产行业上市公司环境信息披露情况好于 2017 年。具体情况如图 5-2 所示。

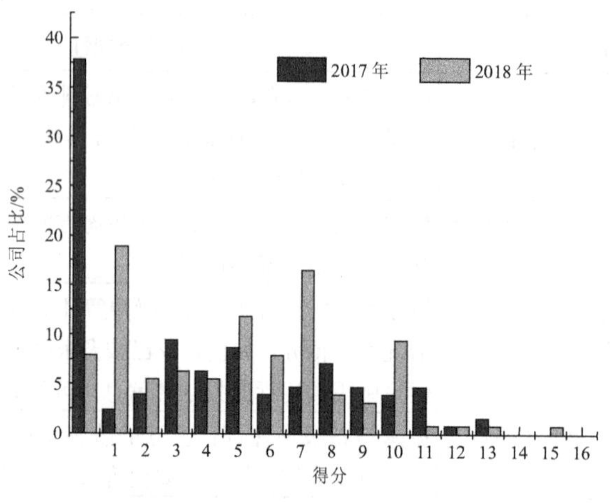

图 5-2 整体得分情况

5.2.2 分项及各指标得分情况

图 5-3 统计了环境信息披露 3 个评估方面的情况。在保护生态、防治污染、履行环境责任三方面，2017 年没有披露任一方面信息、只披露一方面信息、披露两方面信息、披露三方面信息的公司数分别为 48 家、10 家、17 家和 52 家；2018 年相应公司数分别是 10 家、28 家、39 家和 50 家。

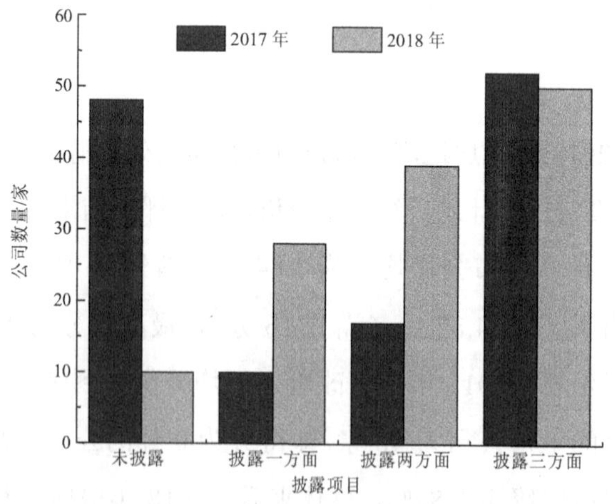

图 5-3 3 个评估方面披露情况

表 5-2 统计了环境信息披露 3 个评估方面的平均分。2017 年保护生态方面的平均分最高，为 1.66 分；其次为防治污染方面，平均分为 1.27 分；最后是履行环境责任方面，平均分为 0.91 分。而 2018 年防治污染方面的平均分最高，为 1.74 分；其次为保护生态

方面，平均分为 1.59 分；最后是履行环境责任方面，平均分为 1.54 分。

表 5-2 2017 年、2018 年环境信息披露 3 个评估方面平均分

项目 年份	保护生态（满分 4 分）	防治污染（满分 6 分）	履行环境责任（满分 6 分）
2017	1.66	1.27	0.91
2018	1.59	1.74	1.54

图 5-4 统计分析了 16 项指标的得分情况。总体来看，2018 年保护生态分项中各项指标平均得分要低于 2017 年；防治污染分项上，大部分指标的平均分均有所提升；履行环境责任分项 6 项指标的平均分均高于 2017 年。就单一指标来说，“是否有负面环境信息披露”改进情况最为明显。上述情况也表明企业对于环境信息披露更加重视，对定性、定量等环境指标和履行环境责任方面的环境信息披露意愿更强，也更敢于直面和披露负面环境信息，对描述性的规章制度和所获取的成果披露相对减少。

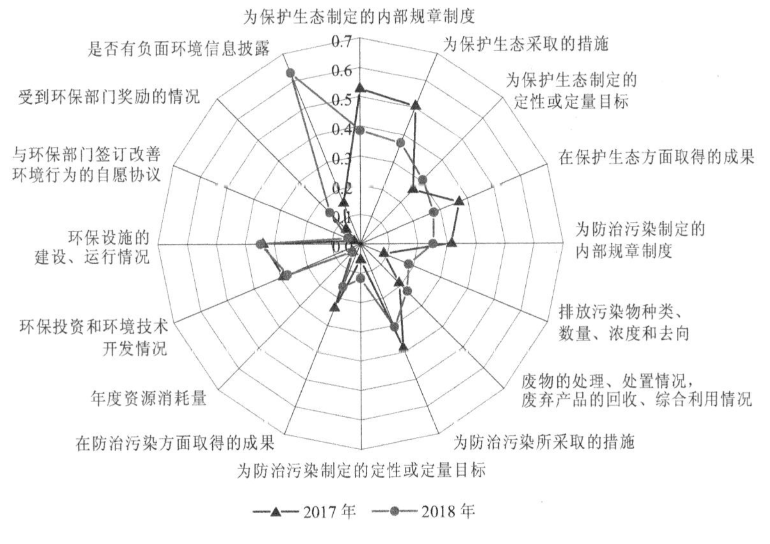

图 5-4 16 项指标的得分情况

5.2.3 各省份与各交易所得分情况

图 5-5 分析了各省（区、市）披露情况。127 家房地产上市公司分布于 23 个省（区、市），其中，广东省数目最多（28 家），其次是上海市（19 家）、北京市（18 家）以及浙江省（15 家），其他地区的公司数量均在 10 家以下。就得分情况来看，2017 年四川省、

江苏省、福建省、贵州省、山东省披露公司占比与得分情况均较高，重庆市、江西省、甘肃省和西藏自治区的公司均未披露相关环境信息。2018 年安徽省、广东省、河北省、陕西省和云南省的得分情况有较为明显的进步。

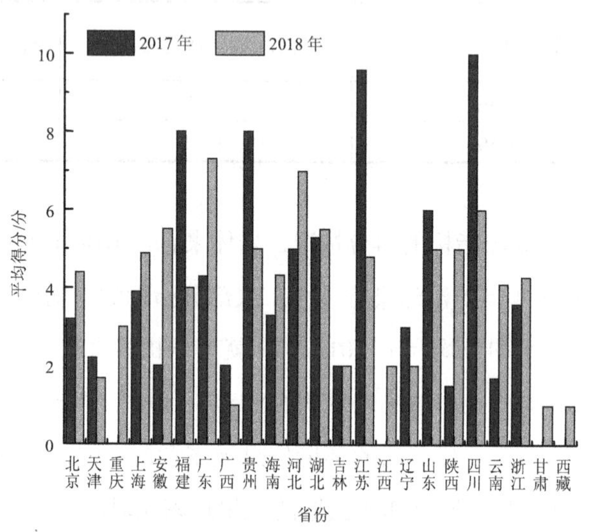

图 5-5 各省份得分情况

表 5-3 和图 5-6 比较了沪深交易所得分情况。127 家房地产公司中，68 家在上交所，59 家在深交所。2017 年，上交所披露环境信息的公司占比（67.65%）和平均得分（4.30 分）高于深交所公司。而对于已披露环境信息的公司，上交所公司在保护生态与履行环境责任两个层面的披露表现（平均分 2.80 分与 1.60 分）均优于深交所公司（平均分 2.40 分与 1.30 分），深交所公司在防治污染方面的披露表现（平均分 2.20 分）好于上交所公司（平均分 1.90 分）。2018 年，上交所公司平均得分（5.18 分）高于深交所公司（4.53 分），但上交所披露环境信息的公司占比（85.29%）要低于深交所（100.00%）。与 2017 年相比，2018 年两家交易所上市公司环境信息披露占比及平均得分均有所提高，但深交所公司在各层面的平均得分有所下降。

表 5-3 各交易所得分情况

交易所	公司数量/家	平均得分/分		中位数/分		披露环境信息公司占比/%		已披露公司各层面平均得分/分					
								保护生态		防治污染		履行环境责任	
		2017 年	2018 年	2017 年	2018 年	2017 年	2018 年	2017 年	2018 年	2017 年	2018 年	2017 年	2018 年
上交所	68	4.30	5.18	4.00	6.00	67.65	85.29	2.80	2.40	1.90	2.00	1.60	1.70
深交所	59	3.30	4.53	2.00	5.00	55.93	100.00	2.40	1.10	2.20	1.78	1.30	1.64

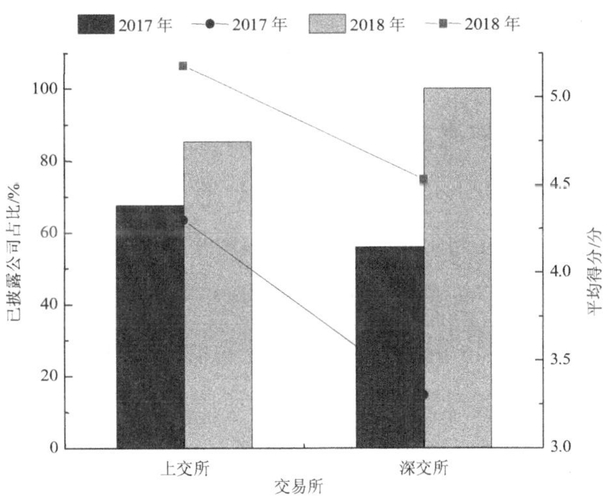

图 5-6 各交易所得分情况

5.2.4 各业务板块得分情况

图 5-7 统计分析了各业务板块得分情况。房地产上市公司的主营业务板块可以归类为房地产开发与销售、房地产运营、施工建造业务以及其他业务。各板块披露得分有一定差别，施工建造业务的平均得分及披露环境信息公司占比均高于其余板块。与 2017 年相比，2018 年各业务板块的平均得分均有所提高，并且披露环境信息的公司占比也有很大提高，施工建造业务板块的公司全都披露了环境信息。

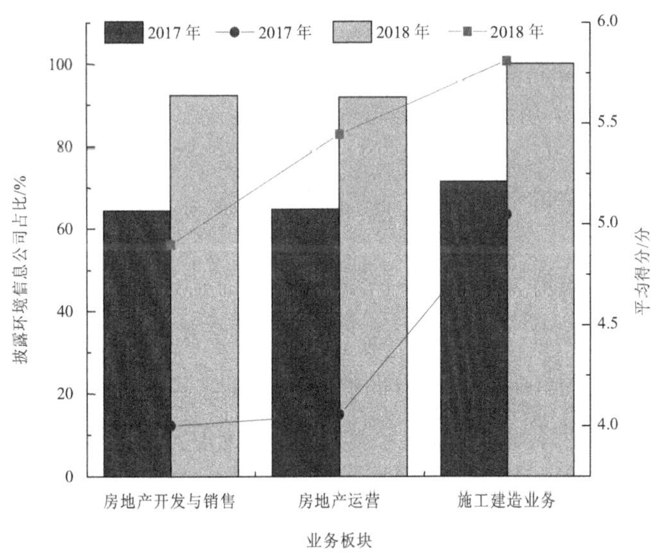

图 5-7 各业务板块得分情况

5.2.5 是否有属重点排污单位得分情况

图 5-8 比较了旗下是否有属重点排污单位的子公司的房地产上市公司环境信息披露得分情况。可以明显看出，旗下有属重点排污单位的上市公司其环境信息披露率和平均分均优于旗下无重点排污单位的上市公司，显然说明外在的政策压力、重点排污单位环境管理和环境信息披露的高要求对于提升公司环境信息披露水平有显著推动作用。相较于 2017 年，2018 年两类上市公司披露环境信息公司的占比都有所上升，其中有属重点排污单位的公司 100%披露的环境信息，无重点排污单位上市公司也有高达 93.04%披露了环境信息；有重点排污单位的公司平均分略有下降（6.50 分），无重点排污单位的公司平均分有所提高（4.70 分），但前者仍高于后者。

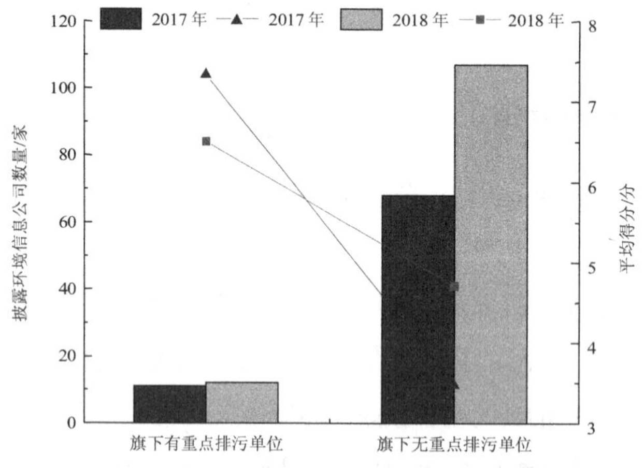

图 5-8 是否有属重点排污单位的子公司的房地产上市公司得分情况

5.2.6 不同公司规模得分情况

不同公司规模的得分情况如表 5-4 和图 5-9 所示，公司规模以该公司期末总资产（元）的自然对数表示。可以看出，公司规模越大其平均得分和披露占比也相对越高。2017 年不同规模已披露信息公司在保护生态方面的得分最高，其次为防治污染，最后是履行环境责任，且大规模公司的各项得分优于小规模公司。相比于 2017 年，2018 年上市公司在履行环境责任方面的得分有所提高，但在保护生态和污染防治两方面的得分持平或有所下降。

表 5-4 不同公司规模得分情况

公司规模	公司数量/家		总体表现				三个层面分别得分/分					
			平均得分/分		披露率/%		保护生态		防治污染		履行环境责任	
	2017年	2018年	2017年	2018年	2017年	2018年	2017年	2018年	2017年	2018年	2017年	2018年
18～20	4	6	1	3.33	25	83.33	2	1.2	1	1.6	1	1.2
20～22	16	14	0.875	4.36	25	92.86	1.5	1.23	1.5	1.54	0.5	1.38
22～24	61	58	3.64	4.97	62.3	89.66	2.34	1.42	2.05	2.06	1.45	1.5
24～26	36	35	4.92	6.17	72.22	94.29	3.12	2.36	2.08	1.97	1.62	1.97
26 及以上	10	14	7.1	5.79	100	100	3.3	2	2.2	1.5	1.6	2.07

注：18～20 表示［18，20)，其余同理。

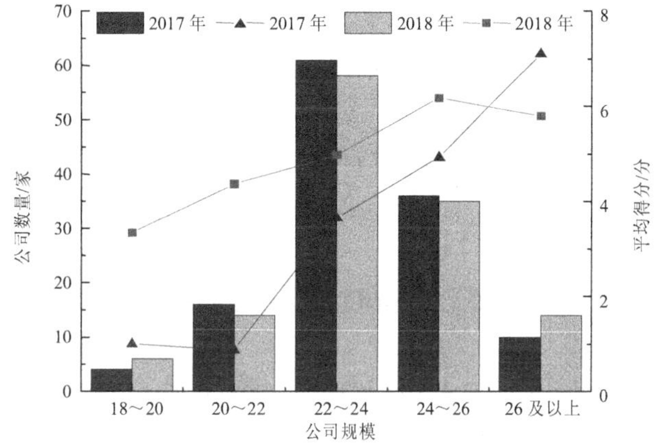

注：18～20 表示［18，20)，其余同理。

图 5-9 不同公司规模得分情况

5.2.7 不同盈利能力得分情况

公司盈利能力的得分情况如图 5-10 所示，盈利能力用该公司净资产收益率表示。总体来看，随着公司盈利能力的提高，其平均得分和披露率也有相对增高的趋势。2017 年不同盈利能力已披露公司在保护生态方面的得分最高，其次为防治污染，最后是履行环境责任，且盈利能力为 10%～20%的公司各项得分较高。2018 年平均分和披露率均好于 2017 年，在防治污染和履行环境责任方面的得分亦有所提高。

5.2.8 是否两职合一得分情况

是否两职合一的得分情况如表 5-5 和图 5-11 所示，80%的房地产上市公司是两职分离。两职分离的公司其平均得分和披露率均较高，各分项均分也较高，即与两职合一公司相比，两职分离的房地产公司更倾向于披露更多、更全面的环境信息。2018 年和 2017 年两职分离与两职合一公司披露均分差异不大，但 2018 年两职分离公司披露率提升很多，远超两职合一公司。从各层面来看，2018 年履行环境责任和保护生态得分好于 2017 年，而防治污染方面得分略有降低。

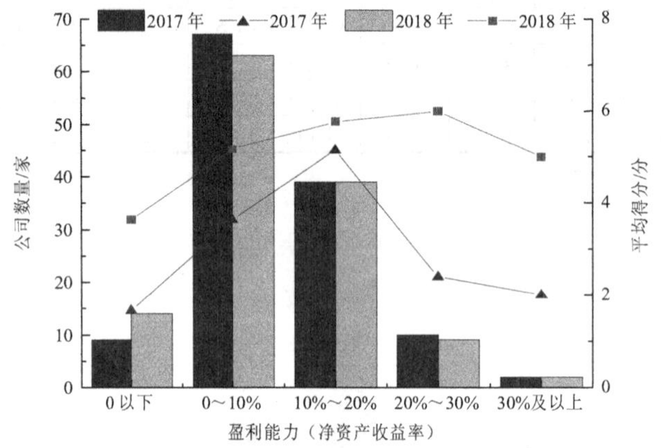

注：0～10%表示[0，10%)，其余同理。

图 5-10 不同盈利能力得分情况

表 5-5 是否两职合一得分情况

两职合一	公司数量/家		总体表现				已披露公司三个层面平均得分/分					
			平均得分/分		披露率/%		保护生态		防治污染		履行环境责任	
	2017 年	2018 年	2017 年	2018 年	2017 年	2018 年	2017 年	2018 年	2017 年	2018 年	2017 年	2018 年
是	24	26	3.71	3.88	62.5	88.46	1.13	2.8	2	1.43	1.3	1.52
否	103	101	3.87	5.59	62.14	93.07	1.87	2.64	2.05	2	1.55	1.71

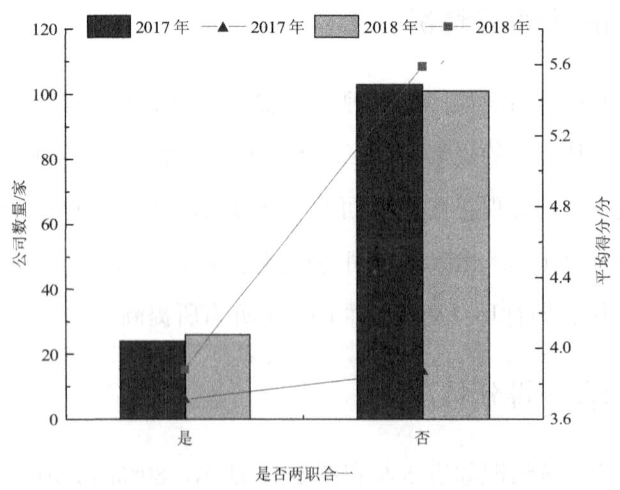

图 5-11 是否两职合一得分情况

5.2.9 评估小结

①从整体情况来看，房地产行业上市公司环境信息披露情况不佳，2017 年均分为 3.84 分（满分 16 分），最高得分为 13 分，最低得分为 0 分；2018 年均分为 4.87 分（满分 16 分），最高得分为 15 分。2017 年有 37.8%的房地产上市公司未披露环境信息；而对属重点排污单位的上市公司，148 家上市公司形式合规性平均分已经达到了 11.11 分（满分 12 分），可见两类上市公司环境信息合规披露的意识与能力差异巨大。与 2017 年相比，2018 年披露总体情况有所好转，但是部分方面、部分指标披露水平不升反降，体现出该领域环境信息披露水平提升总体仍较缓慢、仍不扎实。

②从得分三大方面来看，房地产上市公司对于保护生态总体披露状况最好、防治污染次之、履行社会责任最弱。从单一指标来看，整体状况均不好，除 2017 年保护生态方面中的“为保护生态制定的内部规章制度”“为保护生态采取的措施”两项指标均分超过 0.5 分外（2018 年均分又回落到 0.4 分以下，呈退步状态），其余指标（除 2018 年“是否有负面环境信息披露”）均分均在 0.4 分以内。

③从其他因素的相关图表直观来看，交易所、是否有属于重点排污单位的子公司、公司规模、盈利能力、两职合一（分离）、业务板块等因素有一定趋势性规律，而区域等因素未发现潜在趋势性规律。

5.3 基于回归方法的影响因素分析

本节利用 2017—2018 年沪深两市 127 家房地产行业上市公司的环境信息披露指数数据，基于普通最小二乘估计、分位数回归等实证方法，检验和识别影响房地产行业上市公司环境信息披露水平的主要因素。

5.3.1 研究思路

参考 4.3.1 节属重点排污单位的上市公司环境信息披露水平影响因素分析来确定本节思路。目前，针对属重点排污单位的上市公司已经建立明确的强制性环境信息披露政策要求，已经有明确的技术规范与依据。而房地产行业上市公司在环境信息披露方面政策强制性不强，也没有技术规范与依据。但是在 4.3.1 节叙述的整体强有力的环保政策氛围下，房地产行业上市公司的环境信息披露水平也是有较为明显的提升的。

所以，即使对于房地产上市公司这类不如属重点排污单位受到环保监管严格的主体来讲，外部因素仍然是提升其环境信息披露水平的最主要因素。

与 4.3.1 节相同，本节同样选取一个有限立意进行研究。房地产行业上市公司可以视为“排浪式”环境信息披露水平提升的第三梯队的主体（属重点排污单位的上市公司属于第一梯队，制造业类上市公司中除重点排污单位的属于第二梯队，房地产行业上市公司这类同时兼具制造业和非制造业特征的企业属于第三梯队，其他服务业类上市公司属于第四梯队），此节研究旨在与属重点排污单位的上市公司的研究结果进行对比，即研究“在第三梯队、暂处强制要求与监管模糊地带”的上市公司范围内，公司特征等方面内部因素对企业环境信息披露水平的影响，也是为内部因素对信息披露水平的影响提出一个新研究案例。

5.3.2 理论分析与研究假设

前文已述，房地产行业不是环境信息披露及影响因素分析的重点，没有比较成熟的研究案例，本研究仍参考 4.3.2 节针对属重点排污单位的上市公司进行的理论分析。同时，为保证研究的可比性，选取与属重点排污单位的上市公司环境信息披露影响因素相同的公司规模、资产负债率、股权性质、股权结构、盈利能力、高管薪酬、两职合一、董事会独立性、所在交易所 9 项进行分析研究。

5.3.3 研究设计

5.3.3.1 实证模型

为了对上述 9 个研究假设做出检验，以判断影响房地产行业上市公司环境信息披露的主要因素，设定如下计量模型：

$$\begin{aligned}\mathrm{EDI}_{it} = {} & \beta_0 + \beta_1\mathrm{size}_{it} + \beta_2\mathrm{lev}_{it} + \beta_3\mathrm{soe}_{it} + \beta_4\mathrm{top1}_{it} + \beta_5\mathrm{roe}_{it} + \beta_6\mathrm{salary}_{it} + \\ & \beta_7\mathrm{ceo}_{it} + \beta_8\mathrm{board}_{it} + \beta_9\mathrm{market}_{it} + \varepsilon_{it}\end{aligned} \tag{5-1}$$

其中，因变量为环境信息披露（EDI），用于检验环境信息披露影响因素的变量包括 9 个，分别为：公司规模（size）、资产负债率（lev）、股权性质（soe）、股权结构（top1）、盈利能力（roe）、高管薪酬（salary）、两职合一（ceo）、董事会独立性（board）、所在交易所（market）。β 为待估系数，ε 为随机项，i 表示个体，t 代表年份。

5.3.3.2 变量定义

环境信息披露（EDI），用本章 5.1 节和 5.2 节计算获得的房地产行业上市公司环境信息披露指数，以及保护生态、防治污染、履行环境责任三个分项指数表示。

公司规模（size）用上市公司期末总资产的自然对数表示。

资产负债率（lev）用上市公司期末总负债占总资产的比例表示，单位为%。

股权性质（soe）为虚拟变量，如果上市公司的最终控制人为国资委或其他政府相关部门，则认为上市公司为国有企业，取值为 1，否则取值为 0。

股权结构（top1）用上市公司第一大股东的持股比例表示，单位为%。

盈利能力（roe）用上市公司的净资产收益率表示。

高管薪酬（salary）用上市公司薪酬最高的前三位高管薪酬的自然对数表示。

两职合一（ceo）为虚拟变量，如果上市公司的董事长和总经理（或总裁）由同一个人担任，则取值为 0，否则取值为 1。

董事会独立性（board）用上市公司独立董事人数占董事总人数的比例表示，单位为%。

所在交易所（market）为虚拟变量，如果上市公司在深交所上市，取值为 1，如果上市公司在上交所上市，取值为 0。

5.3.4 实证检验

5.3.4.1 描述性统计分析

表 5-6 是主要变量的描述性统计结果。可以看出，环境信息披露（EDI）最大值为 15，没有样本的环境信息披露指数得到满分，平均值为 4.543，如按百分制折算相当于 28 分，而且这还仅是最表层、容易达标的形式合规性，可见，我国沪深两市房地产行业上市公司的环境信息披露水平堪忧，甚至离及格线还有较大距离。资产负债率（lev）平均值为 63.305%，最大值为 98.386%，说明房地产行业上市公司的杠杆率较高。股权性质（soe）平均值为 0.094，说明约 10%的企业属于国有企业。股权结构（top1）平均值为 38.145%，最小值为 7.116%，最大值为 80.649%，说明房地产上市公司的股权结构存在较大差异，有些公司的股权较为分散，但有些公司仍然存在“一股独大”的情况。两职合一（ceo）的平均值为 0.802，说明 80%的房地产上市公司不存在两职合一的情况。董事会独立性（board）的平均值为 38.071%，最小值为 33.333%，最大值为 66.667%，说明所有样本公

司都符合证监会关于独立董事人员设置的基本要求。

表 5-6　描述性统计结果

变量	样本量	均值	最小值	最大值	标准差
环境信息披露（EDI）	254	4.543	0	15	3.858
分项指数——保护生态	254	1.626	0	4	1.592
分项指数——防治污染	254	1.504	0	6	1.710
分项指数——履行环境责任	254	1.228	0	5	1.187
公司规模（size）	254	23.608	18.975	28.055	1.760
资产负债率（lev）/%	254	63.305	8.756	98.386	19.386
股权性质（soe）	254	0.094	0	1	0.293
股权结构（top1）/%	254	38.145	7.116	80.649	16.081
盈利能力（roe）	254	−0.054	−33.001	0.367	2.079
高管薪酬（salary）	254	15.134	12.393	17.420	0.917
两职合一（ceo）	254	0.802	0	1	0.399
董事会独立性（board）/%	254	38.071	33.333	66.667	5.760
所在交易所（market）	254	0.535	0	1	0.500

5.3.4.2　相关性分析

在对各影响因素进行回归分析之前，先对各自变量之间的相关性进行初步检验。运用 Stata 软件对各变量进行 Person 相关性分析，结果见表 5-7。由表 5-7 可知，各变量间的相关性系数均小于 0.5 或极个别略高于 0.5，说明自变量间多重共线性的情况并不严重。

表 5-7　各变量 Person 相关性系数矩阵

	环境信息披露（EDI）	公司规模（size）	资产负债率（lev）	股权性质（soe）	股权结构（top1）	盈利能力（roe）	高管薪酬（salary）	两职合一（ceo）	董事会独立性（board）	所在交易所（market）
环境信息披露（EDI）	1									
公司规模（size）	0.311 5	1								
资产负债率（lev）	0.148 3	0.698 8	1							
股权性质（soe）	0.048 8	0.102 3	−0.003 4	1						

	环境信息披露（EDI）	公司规模（size）	资产负债率（lev）	股权性质（soe）	股权结构（top1）	盈利能力（roe）	高管薪酬（salary）	两职合一（ceo）	董事会独立性（board）	所在交易所（market）
股权结构（top1）	0.179 8	0.235 1	0.194 7	0.184 1	1					
盈利能力（roe）	0.079 4	0.034 2	−0.105 8	0.022 9	0.073 1	1				
高管薪酬（salary）	0.163 6	0.671 5	0.440 7	−0.030 4	0.021 4	0.026 8	1			
两职合一（ceo）	0.107 2	−0.081 1	−0.132 8	0.025 4	0.146	0.129 6	0.028	1		
董事会独立性（board）	−0.015 6	−0.015 2	0.000 2	0.040 3	0.056 4	−0.132 2	−0.155	−0.185 9	1	
所在交易所（market）	0.069 9	0.074 2	0.047 3	0.031	−0.033 1	−0.056 3	0.032 9	0.010 7	0.100 1	1

5.3.4.3 多元线性回归分析

分别以环境信息披露（EDI），以及环境信息披露的 3 个分项指数作为因变量，利用最小二乘估计方法，检验影响房地产行业上市公司环境信息披露水平的因素，结果见表 5-8。

表 5-8 多元线性回归分析结果

	（1）	（2）	（3）	（4）
	环境信息披露	分项指数——保护生态	分项指数——防治污染	分项指数——履行环境责任
公司规模（size）	0.943*** (0.236)	0.414*** (0.089)	0.247** (0.109)	0.282*** (0.072)
资产负债率（lev）	−0.024 (0.017)	−0.010 (0.007)	−0.005 (0.008)	−0.004 (0.005)
股权性质（soe）	−0.203 (0.775)	0.528* (0.320)	−0.500 (0.361)	−0.198 (0.237)
股权结构（top1）	0.019 (0.016)	0.001 (0.006)	0.006 (0.008)	0.006 (0.005)
盈利能力（roe）	0.066** (0.028)	0.024 (0.012)	0.025* (0.012)	0.023*** (0.008)
高管薪酬（salary）	−0.376 (0.363)	−0.113 (0.136)	−0.153 (0.168)	−0.147 (0.119)
两职合一（ceo）	1.073* (0.585)	0.421* (0.234)	0.340 (0.257)	0.326* (0.179)

	（1）	（2）	（3）	（4）
	环境信息披露	分项指数——保护生态	分项指数——防治污染	分项指数——履行环境责任
董事会独立性（board）	−0.006 （0.043）	−0.010 （0.017）	−0.006 （0.018）	0.010 （0.014）
所在交易所（market）	0.365 （0.472）	0.663*** （1.931）	−0.051 （0.222）	0.017 （0.144）
R^2	0.172	0.249	0.095	0.167
样本量	254	254	254	254

注：*、**、***分别表示估计系数在 0.1、0.05、0.01 的水平下显著，括号中的数字为稳健性标准误差，常数项的估计结果略去。

由表 5-8 可以看出，不论是以环境信息披露，还是 3 个分项指数作为衡量房地产行业上市公司环境信息披露水平的指标，公司规模（size）的估计系数在四列回归中均显著为正，说明企业规模与环境信息披露显著正相关，企业规模越大，环境信息披露水平越高，4.3.2 节研究假设 1 得到验证。因此，想进一步提高房地产行业上市公司的环境信息披露水平，应重点关注规模相对较小的企业。

资产负债率（lev）的估计系数在四列回归中均不显著，说明资产负债的结构对房地产行业上市公司的环境信息披露水平影响并不显著，4.3.2 节研究假设 2 没有得到验证，当然，估计系数不显著也与本章样本量较少有一定关系。

股权性质（soe）的估计系数在第（2）列回归中显著为正，但在其余三列回归中并不显著，说明国有房地产上市公司的保护生态分项指数较高，这方面的环境信息披露工作相对较好，但这种优势在其余两个分项指数和总体披露水平方面并不明显，4.3.2 节研究假设 3 得到部分验证。

股权结构（top1）的估计系数在四列回归中均不显著，说明第一大股东持股比例对于房地产行业上市公司的环境信息披露水平影响并不显著，4.3.2 节研究假设 4 没有得到验证。进一步使用前三大股东持股比例、前五大股东持股比例作为代理变量，重新回归，结果并没有发生变化。

盈利能力（roe）的估计系数在第（1）、（3）、（4）列回归中均显著为正，说明盈利能力越强，房地产上市公司的环境信息披露水平越高，换句话说，好公司更愿意披露更多的环境信息，4.3.2 节研究假设 5 得到验证。

高管薪酬（salary）的估计系数在四列回归中均不显著，说明高管薪酬对于房地产行业上市公司的环境信息披露水平影响并不显著，4.3.2 节研究假设 6 没有得到验证。进一步使用高管持股比例作为代理变量重新回归，结果没有发生变化。

两职合一（ceo）的估计系数在第（1）、（2）、（4）列中显著为正，说明与两职合一的上市公司相比，董事长和总经理（或总裁）由不同人担任的房地产上市公司更倾向于披露更多、更全面的环境信息，环境信息披露水平较高，4.3.2 节研究假设 7 得到验证。

董事会独立性（board）的估计系数在四列回归中均不显著，说明董事会独立性对于房地产行业上市公司的环境信息披露水平影响并不显著，4.3.2 节研究假设 8 没有得到验证。考虑到由于独立董事占比受相关规定影响而使得数据缺乏变化，用独立董事工作地点是否与上市公司的地点一致作为董事会独立性的代理变量，重新回归，结果并没有发生变化。

所在交易所（market）的估计系数在第（2）列回归中显著为正，在其余回归中并不显著，说明上市公司所在的交易所主要对环境信息披露分项指数（保护生态）有显著影响，上交所的环境信息披露分项指数（保护生态）高于深交所的环境信息披露分项指数（保护生态），4.3.2 节研究假设 9 得到部分验证。

为了进一步判断在不同环境信息披露水平下，不同因素影响有何差异，采用分位数回归方法，对 0.25、0.5、0.75 3 个分位数的影响因素进行检验，结果见表 5-9。

表 5-9 分位数回归分析结果

	0.25	0.5	0.75
公司规模（size）	0.747 （0.348）	1.173*** （0.393）	0.886** （0.454）
资产负债率（lev）	−0.029 （0.025）	−0.037** （0.029）	−0.011 （0.033）
股权性质（soe）	−0.265 （1.170）	−0.293 （1.320）	−0.325 （1.525）
股权结构（top1）	0.011 （0.023）	0.027 （0.026）	0.038 （0.030）
盈利能力（roe）	−0.013 （0.165）	0.088 （0.186）	0.132 （0.215）
高管薪酬（salary）	0.065 （0.521）	−0.108 （0.588）	−0.626 （0.679）
两职合一（ceo）	0.573 3 （0.887）	0.165 （1.001）	2.766** （1.156）
董事会独立性（board）	−0.016 （0.061）	0.063 （0.061）	0.052 （0.080）
所在交易所（market）	0.664 （0.678）	0.973 （0.765）	−0.080 （0.884）
Pseudo R^2	0.110	0.162	0.124
样本量	254	254	254

注：**、***分别表示估计系数在 0.05、0.01 的水平下显著，括号中的数字为稳健性标准误差，常数项的估计结果略去。

由表 5-9 可以看出，公司规模（size）的估计系数只在 0.5 和 0.75 两个分位数回归中显著为正，而在 0.25 分位数的回归中并不显著，说明当环境信息披露水平较低时，企业规模的影响不显著，只有当环境信息披露水平达到一定水平后，企业规模才会发挥作用。

资产负债率（lev）的估计系数只在 0.5 分位数回归中显著为负，结合表 5-8 的回归结果，可以发现，资产负债率并不是对环境信息披露水平完全没有影响，只是发生作用的对象不同，资产负债率只对环境信息披露水平相对居中的样本有显著影响，而对披露水平较低和较高的样本无显著影响。

两职合一的估计系数只在 0.75 分位数回归中显著为正，说明当环境信息披露水平较低时，不论董事长和总经理（或总裁）是否由同一人担任，对环境信息披露水平的影响都不大。

5.3.5 小结

通过上述分析，可以得出结论：

（1）公司规模、股权性质、盈利能力、两职合一、所在交易所对房地产行业上市公司环境信息披露水平有显著的影响。规模越大的房地产上市公司，环境信息披露水平越高；国有房地产上市公司的环境信息披露水平优于非国有房地产上市公司的环境信息披露水平；盈利能力越强的房地产上市公司环境信息披露水平越高；两职分离的房地产上市公司的环境信息披露水平优于两职合一的房地产上市公司的环境信息披露水平；上交所的房地产上市公司的环境信息披露分项指数（保护生态）优于深交所的房地产上市公司的环境信息披露分项指数（保护生态）。资产负债率、股权结构、高管薪酬、董事会独立性对房地产上市公司环境信息披露水平没有显著的影响。

（2）公司规模只对中位和高位披露水平上市公司有影响，资产负债率只对中位披露水平上市公司有影响，两职合一只对高位披露水平有影响。

5.4 基于模糊集定性比较分析方法的影响因素分析

本节利用 2017—2018 年沪深两市 127 家房地产行业上市公司连续两年的环境信息披露指数数据，基于模糊集定性比较分析方法，检验和识别影响该类型上市公司环境信息披露水平的主要因素组合与组态。

本节计算内容与过程，除前因条件和结果标定外，和 4.4 节基本一致，所以本节详细介绍下数据标定，然后后续每节省略介绍前面分析内容，重点给出真值表、完全解、简约解等结果，并进行结果分析解释。

5.4.1 模糊集建立

5.4.1.1 前因条件变量选择与标定

选择房地产上市公司的公司规模、资产负债率、股权性质、股权结构、盈利能力、高管薪酬、两职合一、董事会独立性、所在交易所作为前因条件，其中股权性质、两职合一、所在交易所是二分值变量，即只有 1（属于）和 0（不属于）两种情况。其他 6 个变量采用锚定值线性差值法确定条件的隶属程度。

（1）公司规模

变量“规模”，表示上市公司属于大型公司的程度。规模=1 表示完全属于大型公司，规模=0 表示完全不属于大型公司。锚定值上限 L_{U} 为资产总计 1 000 亿元，下限 L_{D} 为资产总计 10 亿元。

$$规模_i=\begin{cases}1 & 资产总计_i>1\,000\text{ 亿元}\\ \dfrac{资产总计_i-L_{\mathrm{D}}}{L_{\mathrm{U}}-L_{\mathrm{D}}} & \\ 0 & 资产总计<10\text{ 亿元}\end{cases} \tag{5-2}$$

（2）资产负债率

变量“负债率”，为上市公司期末总负债占总资产的比例。根据相关研究，房地产公司的资产负债率一般在 50%～80%，公司资产负债率＞80%则完全属于高资产负债率，资产负债率＜50%则完全不属于高资产负债率。锚点上限 L_{U} 为 80%，下限 L_{D} 为 50%。

$$负债率_i=\begin{cases}1 & 资产负债率_i>80\%\\ \dfrac{资产总计_i-L_{\mathrm{D}}}{L_{\mathrm{U}}-L_{\mathrm{D}}} & \\ 0 & 资产负债率_i<50\%\end{cases} \tag{5-3}$$

（3）股权性质

变量“国有”，如果上市公司的最终控制人为国资委或其他政府相关部门，则认为上市公司为国有企业，取值为 1，否则取值为 0。

（4）股权结构

变量“集中”，表示股权结构集中的程度。用第一股东股权占比表示，第一股东占比＞50%则股权集中度高，第一股东占比＜20%则股权结构完全不集中。锚定值 L_U 为 50%，L_D 为 20%。

$$
\text{集中}_i=\begin{cases}1 & \text{第一股东股权占比}_i>50\% \\ \dfrac{\text{第一股东股权占比}_i-L_D}{L_U-L_D} & \\ 0 & \text{第一股东股权占比}_i<20\%\end{cases} \tag{5-4}
$$

（5）盈利能力

变量“收益率”，表示上市公司盈利的能力，用公司的净资产收益率表示。公司的净资产收益率在 20%可认为是高盈利，净资产收益率为 0 以下则完全不属于高盈利。锚定值上限 L_U 为 0.20，下限 L_D 为 0。

$$
\text{收益率}_i=\begin{cases}1 & \text{收益率}_i>0.20 \\ \dfrac{\text{收益率}_i-L_D}{L_U-L_D} & \\ 0 & \text{收益率}_i<0\end{cases} \tag{5-5}
$$

（6）高管薪酬

变量“高薪”，表示高管薪酬高度，用上市公司薪酬最高的前三位高管薪酬合计来确定，若人均年薪 200 万元则完全属于高薪，若人均年薪 50 万元则完全不属于高薪。因此，锚定值上限 L_U 为 600 万元，下限 L_D 为 150 万元。

（7）两职合一

变量“两职合一”。如果上市公司的董事长和总经理（或总裁）由同一个人担任，则取值为 0，否则取值为 1。

（8）董事会独立性

变量“独董”，表示董事会的独立性，用上市公司独立董事占比表示。独立董事占比＞50%则完全属于董事会独立性高，独立董事占比＜34%则完全不属于董事会独立性高。锚定值上限 L_U 为 50%，下限 L_D 为 34%。

$$独董_i=\begin{cases}1 & 独立董事占比_i>50\% \\ \dfrac{独立董事占比_i-L_D}{L_U-L_D} & \\ 0 & 独立董事占比_i<34\%\end{cases} \quad (5\text{-}6)$$

（9）所在交易所

变量“交易所”，表示企业所在股票交易所。研究涉及的上市公司分属于沪市 A 股、创业板、深市 A 股和中小板，后 3 个板块属于深交所，取值 1；沪市 A 股属于上交所，取值 0。

5.4.1.2 结果标定

被解释的目标为房地产行业上市公司环境信息披露程度，结果变量名称为“信息公开”。以企业环境信息披露总分来表示。为使结果解释度高，选择环境信息披露程度高的案例总平均值接近 0.5 的锚定值。上限为 7.5 分，下限为 1 分。

2017 年和 2018 年，各企业作为独立个体，其变量和结果的隶属度统计结果见表 5-10。

表 5-10 环境信息披露水平与前因条件变量隶属度统计

统计量	规模	负债率	国有	集中	收益率	高薪	两职合一	独董	交易所	信息公开
个案数	254	254	254	254	254	254	254	254	254	254
平均值	0.47	0.51	0.09	0.50	0.44	0.49	0.78	0.26	0.46	0.49
最大值	1.00	1.00	1.00	1.00	1.00	1.00	1.00	1.00	1.00	1.00
最小值	0.00	0.00	0.00	0.00	0.00	0.00	0.00	0.00	0.00	0.00
标准差	0.39	0.41	0.29	0.41	0.31	0.39	0.41	0.31	0.50	0.42
中位数	0.32	0.50	0.00	0.44	0.40	0.43	1.00	0.15	0.00	0.46

假设的目标，运用 QCA 方法定性比较分析影响 127 家房地产上市公司 2017 年和 2018 年环境信息披露程度的原因。

5.4.2 计算与结果分析

按照 fsQCA 方法，得到房地产上市公司信息公开结果与前因条件的真值（表 5-11）。

表 5-11 信息公开结果与前因条件真值

前因条件									个案数量	结果	统计量		
规模	负债率	国有	集中	收益率	高薪	两职合一	独董	交易所		信息公开	原始一致性	PRI一致性	SYM一致性
1	1	0	1	0	0	1	1	0	4	1	0.847	0.774	0.782
0	0	0	1	0	0	1	1	0	4	1	0.834	0.796	0.796
1	1	0	0	0	1	1	0	0	3	1	0.810	0.733	0.734
1	1	0	0	1	1	1	0	1	5	1	0.809	0.722	0.722
1	1	0	1	0	1	1	0	0	4	0	0.799	0.725	0.725
1	1	0	1	0	1	1	0	1	3	0	0.796	0.722	0.722
1	1	0	1	1	1	1	0	0	5	0	0.765	0.690	0.695
1	1	0	0	1	1	1	0	0	5	0	0.758	0.673	0.690
0	0	0	1	1	0	1	0	0	4	0	0.756	0.707	0.707
1	1	0	0	0	1	1	1	0	3	0	0.752	0.622	0.622
0	0	0	1	0	0	1	0	0	4	0	0.677	0.605	0.624
1	1	0	1	1	1	1	0	1	8	0	0.664	0.558	0.558
0	0	0	0	0	1	1	0	0	6	0	0.659	0.512	0.525
1	1	0	0	1	1	0	0	0	3	0	0.647	0.452	0.475
1	1	0	0	1	1	0	0	1	3	0	0.646	0.447	0.447
0	0	0	1	1	0	1	0	1	3	0	0.613	0.507	0.507
0	0	0	0	1	1	1	0	0	4	0	0.598	0.458	0.458
0	0	0	0	1	0	1	0	1	4	0	0.595	0.494	0.494
0	0	0	1	0	0	0	1	1	3	0	0.571	0.367	0.369
0	0	1	1	0	0	1	1	0	3	0	0.552	0.520	0.520
0	0	0	0	0	0	1	0	1	14	0	0.511	0.351	0.368
0	1	0	0	0	0	1	0	0	4	0	0.499	0.374	0.382
0	0	0	0	0	0	1	0	0	11	0	0.451	0.358	0.359
0	0	0	1	0	0	1	0	1	4	0	0.432	0.322	0.331
0	1	0	1	0	0	1	1	1	3	0	0.345	0.186	0.186
0	0	0	0	0	0	0	1	1	4	0	0.320	0.214	0.214
0	0	0	0	0	1	1	1	1	3	0	0.311	0.113	0.113
0	0	0	1	0	0	1	1	1	4	0	0.310	0.232	0.232

选择频率阈值 3，一致性阈值 0.8，采用 Quine-McCluskey 方法，求解导致结果的前因条件组合，得到满足要求的完全解，见表 5-12。

表 5-12 信息公开与前因条件完全解

组态	覆盖率	一致性
～规模*～负债率*～国有*集中*～收益率*～高薪*两职合一*独董*～交易所	0.030 3	0.834 1
规模*负债率*～国有*～集中*～收益率*高薪*两职合一*～独董*～交易所	0.076 2	0.810 4
规模*负债率*～国有*集中*～收益率*～高薪*两职合一*独董*～交易所	0.048 4	0.846 9
规模*负债率*～国有*～集中*收益率*高薪*两职合一*～独董*交易所	0.053 8	0.808 9
解的覆盖率	0.180 4	
解的一致性	0.815 8	

表 5-12 中的组态类型导致结果可以表示为：～规模*～负债率*～国有*集中*～收益率*～高薪*两职合一*独董*～交易所 ⟶ 信息公开，其一致性为 0.834 1，大于 0.8，说明前因条件组合导致结果是充分的，即房地产上市公司属于资产规模不大、资产负债率不高、非国有控股、股权集中、资产净收益率不高、非高管高薪、两职合一、董事会独立性高、在上交所上市的公司，其环境信息披露程度高。

按照布尔最小化方法，计算得出上述完全解的简约解（质蕴涵解），见表 5-13。

表 5-13 信息公开前因条件简约解

组态	覆盖率	一致性
规模*～集中*～收益率*～独董	0.202	0.682
～国有*～高薪*独董*～交易所	0.118	0.634
～国有*集中*独董*～交易所	0.131	0.729
规模*～集中*两职合一*交易所	0.079	0.634
负债率*～集中*两职合一*交易所	0.081	0.558
负债率*～集中*～收益率*高薪*～独董	0.154	0.661
～集中*高薪*两职合一*～独董*交易所	0.086	0.523
～集中*收益率*高薪*两职合一*交易所	0.074	0.736
解的覆盖率	0.372	
解的一致性	0.618	

简约解中没有一致性在 0.8 以上的组态。说明房地产上市公司导致环境信息公开度高的前因条件都不集中。

简约解中一致性在 0.7 以上的组态包括～集中*收益率*高薪*两职合一*交易

所、～国有*集中*独董*～交易所两种组态。说明股权不集中、收益率高、高管高薪、两职合一的深交所上市公司，可能导致高的环境信息公开；非国有控股、股权集中、董事会独立高的上交所上市公司，也可能导致高的环境信息公开。解的覆盖率只有 0.372，说明导致房地产上市企业环境信息公开的前因条件解的解释度不够高。

5.4.3 低信息披露水平分析

选取～信息公开作为结果变量，对房地产行业上市公司全部个案进行非结果分析。选择频率截取 3，一致性截取 0.8，真值见表 5-14。

表 5-14 非信息公开结果与前因条件真值

规模	负债率	国有	集中	收益率	高薪	两职合一	独董	交易所	个案数	～信息公开	原始一致性	PRI 一致性	SYM 一致性
0	0	0	0	0	1	1	1	1	3	1	0.912	0.887	0.887
0	1	0	1	0	0	1	1	1	3	1	0.850	0.814	0.814
0	0	0	0	0	0	0	1	1	4	1	0.815	0.786	0.786
0	0	0	1	0	0	1	1	1	4	0	0.791	0.768	0.768
0	0	0	1	0	0	0	1	1	3	0	0.747	0.627	0.631
1	1	0	0	1	1	0	0	1	3	0	0.713	0.553	0.553
0	0	0	1	0	0	1	0	1	4	0	0.707	0.651	0.669
0	0	0	0	0	0	1	0	1	14	0	0.700	0.602	0.632
0	0	0	0	0	0	1	0	0	11	0	0.693	0.641	0.641
0	1	0	0	0	0	1	0	0	4	0	0.683	0.605	0.618
1	1	0	0	1	1	0	0	0	3	0	0.678	0.500	0.525
0	0	0	0	1	1	1	0	0	4	0	0.660	0.542	0.542
0	0	0	0	0	1	1	0	0	6	0	0.625	0.462	0.475
0	0	0	0	1	0	1	0	1	4	0	0.605	0.506	0.506
0	0	0	1	1	0	1	0	1	3	0	0.602	0.493	0.493
1	1	0	0	0	1	1	1	0	3	0	0.592	0.378	0.378
1	1	0	1	1	1	1	0	1	8	0	0.577	0.442	0.442
0	0	1	1	0	0	1	1	0	3	0	0.515	0.480	0.480
1	1	0	0	1	1	1	0	1	5	0	0.504	0.278	0.278
1	1	0	0	1	1	1	0	0	5	0	0.483	0.302	0.310
0	0	0	1	0	0	1	0	0	4	0	0.480	0.364	0.376

规模	负债率	国有	集中	收益率	高薪	两职合一	独董	交易所	个案数	～信息公开	原始一致性	PRI一致性	SYM一致性
1	1	0	0	0	1	1	0	0	3	0	0.477	0.265	0.266
1	1	0	1	0	1	1	0	0	4	0	0.472	0.275	0.275
1	1	0	1	1	1	1	0	0	5	0	0.472	0.303	0.305
1	1	0	1	0	0	1	1	0	4	0	0.469	0.216	0.218
1	1	0	1	0	1	1	0	1	3	0	0.468	0.278	0.278
0	0	0	1	1	0	1	0	0	4	0	0.410	0.293	0.293
0	0	0	1	0	0	1	1	0	4	0	0.352	0.204	0.204

完全解见表 5-15。

表 5-15 非信息公开与前因条件完全解

组态	覆盖率	一致性
～规模*～负债率*～国有*～集中*～收益率*～高薪*～两职合一*独董*交易所	0.018	0.815
～规模*～负债率*～国有*～集中*～收益率*高薪*两职合一*独董*交易所	0.030	0.912
～规模*负债率*～国有*集中*～收益率*～高薪*两职合一*独董*交易所	0.018	0.850
解的覆盖率	0.057 7	
解的一致性	0.851 9	

完全解中完全一致的条件包括～规模、～国有、～收益率、独董和交易所。这些条件对导致信息不公开的解释度高。一致性高，但是覆盖率低。

简约解见表 5-16。

表 5-16 非信息公开与前因条件简约解

组态	覆盖率	一致性
～负债率*～集中*独董	0.140	0.759
～规模*～集中*独董	0.160	0.774
～规模*负债率*集中	0.138	0.610
～规模*负债率*独董	0.103	0.697
负债率*～高薪*交易所	0.101	0.667
～规模*负债率*交易所	0.120	0.727
～集中*独董*交易所	0.080	0.773
负债率*独董*交易所	0.057	0.606
解的覆盖率	0.345 4	
解的一致性	0.664 0	

简约解组态中前因条件出现的次数见表 5-17。

表 5-17 简约解中前因条件出现的次数

条件	规模	负债率	高薪	集中	独董	交易所
正	0	5	0	1	5	4
反	4	1	1	3	0	0

负债率、独董、交易所、～规模对信息公开低的影响较大，但并未形成充分必要条件。

5.4.4 小结

通过以上分析，可以看出：

①案例包括 9 个前因条件组合，占所有可能的条件组合的不到 1/4，导致房地产上市公司信息公开的前因条件分散复杂，不是某一个条件或某几个条件组合就必定导致其环境信息披露程度高。所选 9 个条件不能一致地导致环境信息披露高的结果。

②从导致信息公开程度高的结果的必要条件分析来看，公司董事长和总经理（或总裁）两职合一的非国有企业是导致房地产上市公司信息公开的必要条件。两职合一与所有其他条件组合的组态是必要条件程度高，股权集中度高、规模大、资产负债率高的组合，也是导致信息披露程度高的必要条件。但其覆盖率都在 0.5 左右，导致结果的充分性并不很强。

③从 5.4.2 节和 5.4.3 节导致房地产上市公司环境信息披露水平高或低的完全解和简约解来看，形成高一致性组态和低一致性组态的前因条件都不一致，彼此独立性高，没有条件组合可以达成结果的充分解释。即总体来看，无论导致房地产上市公司环境信息披露水平高还是低，其特征均不明显。

5.5 结论

①从房地产行业上市公司环境信息披露整体水平看，状况不佳，2017 年均分为 3.84 分（满分 16 分），最高分为 13 分，最低分为 0 分；2018 年均分为 4.87 分（满分 16 分），最高分为 15 分；2017 年有 37.8%的房地产上市公司通过定期报告、公司网站、社会责任报告等渠道“零披露”环境信息。而对属重点排污单位的上市公司，148 家上市公司的形式合规性平均分已经达到了 11.11 分（满分 12 分），可见两类上市公司环境信息合规披露

的意识与能力差异巨大。与2017年相比，2018年披露总体情况有所好转，但是部分方面、部分指标披露水平不升反降，体现出该领域环境信息披露水平提升总体仍较缓慢、仍不扎实。而且，本研究仅评估了房地产行业上市公司环境信息披露的形式合规性，其全面性和规范性尚未触及。

②从多元线性回归和分位数回归分析得到的房地产上市公司环境信息披露水平来看，企业规模、股权性质、盈利能力、两职合一、所在交易所有显著的影响。其中，公司规模只对中位和高位披露水平上市公司有影响，资产负债率只对中位披露水平上市公司有影响，两职合一只对高位披露水平有影响。

③从定性比较分析的结果来看，无论导致房地产上市公司环境信息披露水平高还是低，其特征均不明显。但是作为政策操作层面的建议，建议参照表5-16，挑选其中一致性在0.7以上的四种组态，即～负债率*～集中*独董+～规模*～集中*独董+～规模*负债率*交易所+～集中*独董*交易所，作为证券监管部门提升房地产行业上市公司环境信息披露水平的最优先对象。

6 结论与展望

6.1 结论

第一，上市公司环境信息披露“合规性”评估框架，“先合规、后好坏”的评估思路，兼具科学性、实践性和未来拓展潜力，适用于我国目前以及未来一段时期内本领域政策、实践和研究的需要。首先，同时适用目前和未来、适用各种行业和特性主体、适用研究与实践。从上市公司乃至全部企业的环境信息强制性披露政策来说，我国目前正处于由自愿性快速向强制性转变的过渡时期，而且在未来不长的时间内即会实现全面强制性披露的要求，未来的环境信息披露政策会是以强制性为基础、叠加自愿性的政策形态，所以正好适合“先合规、后好坏”的评估思路与框架。另外，本研究基于统一框架，针对两类不同上市公司的主体分别建立了合规性评估方法。实践证明，也适用于各种性质分类、行业分类的上市公司主体，能够对各类主体、各方面环境信息披露水平进行较为细致、科学全面、贴近实际实操的评估，能够得出学者、企业和监管者基本都认可的好坏、强弱的评估结果，能够为之后的研究、监管和信息披露实务提供指导性的参考；即总体上，能够作为一种评估环境信息披露水平的基准，至少是相关学者再深化、再细化提出更科学扎实的评估“基准”的参考。其次，该框架比较灵活，可以进行多种角度的二次开发和深度评估。参照表 3-2、表 3-3、表 3-4、表 4-1 和表 5-1 等，可以看到此种框架和方法形式比较灵活多样，可以根据研究需要和基础材料支撑，构建合适的方法进行研究，适应性强、适用范围广。

第二，从上市公司环境信息披露总体状况来说，总体上呈现主体和内容双“排浪式（梯次性、挤压式）”披露水平提升形势。从研究的属重点排污单位的上市公司、房地产行业上市公司两类主体环境信息披露进展来讲，显著呈现出从“属重点排污单位的上市公司—其他制造业类上市公司—房地产业类上市公司—其他服务业类上市公司”的主体梯次性，以及从“形式合规—全面—规范—真实”的内容（要求）梯次性。虽然本书仅研究了两类主体，但是从经验结合常识来看，环境信息披露水平主要是随着企业本身污染程度和承受环境监管压力等因素的加大而加大的，本研究对属重点排污单位的上市公司和房地产行业上市公司这两类分别属于第一梯队和第三梯队的主体进行了分析，另简单分析可知，除重点排污单位外的其他制造业类上市公司，其环境信息披露水平应处于上述两类主体之间，即处于第二梯队，其他服务业类上市公司直接环境影响最小、环保压力最小，所以信息披露水平一定也是目前最弱的。从属重点排污单位的上市公司来看，其披露内容呈现了显著的“形式合规—全面—规范—真实”的内容（要求）梯次性进步，当然，因为真实性所用指标和内容较少、较窄，目前结果并未完美支持，不过适当拓展即可得出总体结论，这种内容梯次性进步是非常显著的，根据未纳入本书的以往研究来看，2016 年属重点排污单位的上市公司即使仅从形式合规性最简单层面考虑，有 1/3 上市公司“零披露”环境信息，均分大约只有满分的 30%，而 2018 年形式合规性均分已超满分 90%，全面性与规范性也达到一个不错的水平，即在近 3 年强力的环保外在压力下，在合规基准相对比较清晰的情况下，上市公司环境信息披露水平提升显著且迅速。而且，自愿性披露的水平也有逐步向强制性披露水平靠近的趋势，也符合整体“排浪式（梯次性、挤压式）”的判断。

第三，从上市公司环境信息披露总体状况来说，现阶段外部压力因素是提升上市公司环境信息披露水平的主要因素，而随着我国全社会总体巨大的环保压力推动上市公司呈“排浪式（梯次性、挤压式）”提升环境信息披露水平，处在波浪不同位置、处于不同信息披露水平和不同企业性质的上市公司，其发挥主要作用的影响因素差异显著。属重点排污单位的上市公司其环境信息强制性披露要求最高、其目前总体披露水平最高，即其有“硬披露”要求且暂处潮头位置，所以影响其环境信息披露水平的，是类似于交易所、股权结构和股权性质这样的“非企业（简单）自主、难以改变”的“硬因素”，即在高压力、硬任务之下，只有出于维护必须捍卫或很难触动的核心利益、核心顾虑，才动心思不去合规披露，因为一般的因素和考虑，不值得去冒险。对于房地产这类在现有环保压力和环境信息强制性披露政策要求下“较为普通的非最重点”的公司而言，目前强制性披露要求仅有一个非常宽松的框架性要求，漏洞大，对其环境信息披露水平起主要影响的，仍旧是公司规模、股权性质、盈利能力、两职合一等企业自身“软因素”，在实践中也比较好理解，因为毕竟房地产行业上市公司对环境信息披露的重视程度远不如重点排污上市公司，其披露“相对自由”很多，所以说，现阶段企业自身特色和自身考虑对此行为起主要影响作用是很正常的。

第四，对提升上市公司环境信息披露水平的具体政策建议来说，一是按期出台覆盖全部上市公司的环境信息强制性披露政策要求。二是出台服务于强制性披露要求的技术细则，针对于“属重点排污单位上市公司、其他制造业类上市公司、房地产业类上市公司、其他服务业类上市公司”四类主体分别出台技术细则，为所有上市公司提升环境信息披露水平提供一个底线的参考标准。三是就此次评估的属重点排污单位的上市公司和房地产行业上市公司具体情况而言，在属重点排污单位的上市公司方面：①最优先加强对表 4-25 中全部完全解所代表和覆盖的重点排污上市公司的督促，其代表了全部重点排污上市公司的 1/4。②在有余力时，可重点关注上交所上市、高负债率的企业，督促其提高环境信息披露水平。③在低位和中位披露水平，加强对第一大股东持股比例高的上市公司以及上交所上市公司的监管；在高位披露水平，加强对民营上市公司和上交所上市公司的监管。在房地产行业上市公司方面：①挑选表 5-16 中一致性在 0.7 以上的四种组态，即～负债率*～集中*独董+～规模*～集中*独董+～规模*负债率*交易所+～集中*独董*交易所，作为证券监管部门提升环境信息披露水平的最优先对象。②在低位和中位披露水平，加强对小规模房地产公司的监管；在高位披露水平，加强对小规模房地产公司、董事长与总经理两职合一的房地产公司的监管。

6.2 展望

第一，合规性评估框架总体合理，但仍有很多细致工作要做。本次评估研究存在如下几方面欠缺：一是只评估了要求强制披露的“硬信息”，对于鼓励上市公司披露的“软信息”没有开展评估，未来可以将“软信息”叠架在“硬信息”上同时开展评估，这样可以提升评估的全面性和说服力。二是合规性评估框架的四方面属性还有完善空间，特别是真实性方面，如何构建真实性评估细化方法、更低成本地开展真实性评估，仍需要详细研究。

第二，评估主体应拓展。本书只研究了属重点排污单位的上市公司与房地产行业上市公司两类主体，在前述环境污染程度、环境行为特性、环境信息披露责任要求上，处于第一和第三梯队，前文在未针对除重点排污上市公司外其他制造业类上市公司纳入研究的情况下，“半猜测”得出第二类主体披露水平介于两者之间，缺乏科学性支撑，未来需将第二类主体一并纳入研究。而且，第二类主体也会有很多特性，比如除本次研究的连续两年列入重点排污单位的 148 家上市公司外，仍有 100 余家 2017 年或 2018 年列为重点排污的上市公司，尚有母公司加至少一家子公司属于重点排污单位的 411 家，仅子公司属于重点排污单位的684家，另有1 000家左右无重点排污单位的制造业类上市公司，其环境信息披露水平到底如何，是个值得研究的问题。

第三，影响因素选取与评估应更细化、更丰富。一方面，为了简单增强研究可比性，所有研究全部以内部影响因素为主，全部选择相同的 9 项因素，这样略显机械，也影响了模型解释力，未来在这方面应加强。另一方面，2018 年较 2017 年披露水平显著提升，2017 年较 2016 年也显著提升，未来要加强时序分析方法的使用与研究。

附表 1　属重点排污单位的上市公司名单

序号	股票代码	公司简称	重点排污单位类别				
			水	大气	土壤	噪声	其他
1	000423.SZ	东阿阿胶	是				
2	000550.SZ	江铃汽车	是	是	是		
3	000553.SZ	沙隆达 A		是			
4	000565.SZ	渝三峡 A	是				
5	000589.SZ	黔轮胎 A	是				
6	000635.SZ	英力特	是		是		
7	000707.SZ	双环科技	是	是			
8	000708.SZ	大冶特钢		是	是		
9	000751.SZ	锌业股份		是	是		
10	000782.SZ	美达股份	是				
11	000799.SZ	酒鬼酒	是	是			
12	000815.SZ	美利云	是	是			
13	000898.SZ	鞍钢股份		是			
14	000913.SZ	钱江摩托	是		是		
15	000923.SZ	河北宣工		是			
16	000953.SZ	*ST 河化	是	是			
17	000957.SZ	中通客车	是		是		
18	000962.SZ	东方钽业	是				
19	000982.SZ	*ST 中绒	是				
20	000989.SZ	九芝堂	是				
21	002025.SZ	航天电器					是
22	002043.SZ	兔宝宝			是		
23	002056.SZ	横店东磁	是	是			
24	002086.SZ	东方海洋	是				
25	002111.SZ	威海广泰		是			

序号	股票代码	公司简称	重点排污单位类别				
			水	大气	土壤	噪声	其他
26	002112.SZ	三变科技	是				
27	002126.SZ	银轮股份	是				
28	002131.SZ	利欧股份	是				
29	002134.SZ	*ST 普林	是		是		
30	002135.SZ	东南网架		是			
31	002136.SZ	安纳达	是	是	是		
32	002144.SZ	宏达高科	是				
33	002158.SZ	汉钟精机			是		
34	002206.SZ	海利得		是	是		
35	002254.SZ	泰和新材	是				
36	002262.SZ	恩华药业	是	是	是		
37	002273.SZ	水晶光电	是		是		
38	002286.SZ	保龄宝	是	是			
39	002287.SZ	奇正藏药	是	是			
40	002333.SZ	罗普斯金	是		是		
41	002338.SZ	奥普光电	是		是		
42	002365.SZ	永安药业	是				
43	002393.SZ	力生制药	是		是		
44	002424.SZ	贵州百灵	是	是			
45	002428.SZ	云南锗业		是			
46	002430.SZ	杭氧股份			是		
47	002443.SZ	金洲管道			是		
48	002460.SZ	赣锋锂业	是	是			
49	002481.SZ	双塔食品	是	是			
50	002486.SZ	嘉麟杰	是				
51	002487.SZ	大金重工		是			
52	002494.SZ	华斯股份	是		是		是
53	002532.SZ	新界泵业	是		是		
54	002557.SZ	洽洽食品	是				
55	002562.SZ	兄弟科技	是		是		
56	002584.SZ	西陇科学					是
57	002597.SZ	金禾实业	是	是	是		
58	002599.SZ	盛通股份		是			

序号	股票代码	公司简称	重点排污单位类别				
			水	大气	土壤	噪声	其他
59	002604.SZ	龙力生物	是	是			
60	002615.SZ	哈尔斯	是	是	是		
61	002643.SZ	万润股份	是		是		
62	002693.SZ	双成药业	是				
63	002705.SZ	新宝股份			是		
64	002725.SZ	跃岭股份	是				
65	002741.SZ	光华科技			是		是
66	002753.SZ	永东股份			是		
67	002756.SZ	永兴特钢			是		
68	002805.SZ	丰元股份		是	是		
69	002810.SZ	山东赫达			是		
70	002863.SZ	今飞凯达	是		是		
71	002868.SZ	绿康生化	是	是	是		
72	300041.SZ	回天新材			是		
73	300046.SZ	台基股份	是				
74	300083.SZ	劲胜精密	是				
75	300088.SZ	长信科技	是		是		
76	300121.SZ	阳谷华泰	是	是	是		
77	300132.SZ	青松股份	是	是			
78	300224.SZ	正海磁材	是				
79	300225.SZ	金力泰		是			
80	300239.SZ	东宝生物	是				
81	300256.SZ	星星科技	是				
82	300257.SZ	开山股份		是	是		
83	300375.SZ	鹏翎股份		是			
84	300405.SZ	科隆精化	是				
85	300446.SZ	乐凯新材		是			
86	300452.SZ	山河药辅	是				
87	300554.SZ	三超新材	是		是		
88	300558.SZ	贝达药业			是		
89	300641.SZ	正丹股份		是	是		
90	300657.SZ	弘信电子	是		是		
91	600066.SH	宇通客车	是				

序号	股票代码	公司简称	重点排污单位类别				
			水	大气	土壤	噪声	其他
92	600103.SH	青山纸业	是	是			
93	600190.SH	锦州港	是	是			
94	600207.SH	安彩高科	是	是			
95	600235.SH	民丰特纸	是	是			
96	600316.SH	洪都航空	是	是	是		
97	600317.SH	营口港					是
98	600319.SH	亚星化学	是				
99	600353.SH	旭光股份	是		是		
100	600360.SH	华微电子	是				
101	600379.SH	宝光股份			是		
102	600399.SH	抚顺特钢		是	是		
103	600426.SH	华鲁恒升	是	是	是		
104	600448.SH	华纺股份	是	是			
105	600493.SH	凤竹纺织	是				
106	600501.SH	航天晨光	是				
107	600513.SH	联环药业	是		是		
108	600519.SH	贵州茅台	是				
109	600529.SH	山东药玻		是			
110	600550.SH	保变电气	是				
111	600581.SH	八一钢铁		是	是		
112	600587.SH	新华医疗			是		
113	600618.SH	氯碱化工	是	是	是		
114	600678.SH	四川金顶		是			
115	600727.SH	鲁北化工		是	是		
116	600746.SH	江苏索普	是	是			
117	600750.SH	江中药业	是	是			
118	600779.SH	水井坊	是				
119	600793.SH	宜宾纸业	是	是			
120	600809.SH	山西汾酒	是				
121	600815.SH	*ST 厦工			是		
122	600841.SH	上柴股份		是			
123	600847.SH	*ST 万里	是	是			
124	600992.SH	贵绳股份					是

序号	股票代码	公司简称	重点排污单位类别				
			水	大气	土壤	噪声	其他
125	601011.SH	宝泰隆		是	是		
126	601106.SH	*ST 一重	是				是
127	601113.SH	华鼎股份		是			
128	601388.SH	怡球资源	是				
129	601969.SH	海南矿业	是		是		
130	603027.SH	千禾味业	是	是			
131	603033.SH	三维股份	是	是	是		
132	603113.SH	金能科技	是	是	是		
133	603165.SH	荣晟环保	是	是			
134	603208.SH	江山欧派		是			
135	603238.SH	诺邦股份	是				
136	603328.SH	依顿电子	是		是		
137	603337.SH	杰克股份	是				
138	603338.SH	浙江鼎力			是		
139	603369.SH	今世缘	是	是			
140	603589.SH	口子窖	是				是
141	603686.SH	龙马环卫			是		
142	603728.SH	鸣志电器			是		
143	603822.SH	嘉澳环保		是	是		
144	603878.SH	武进不锈			是		
145	603919.SH	金徽酒	是				
146	603920.SH	世运电路	是		是		
147	603926.SH	铁流股份			是		
148	603998.SH	方盛制药	是				

附表 2　房地产行业上市公司名单

序号	股票代码	公司简称	公司名称
1	000002	万科 A	万科企业股份有限公司
2	000006	深振业 A	深圳市振业（集团）股份有限公司
3	000007	全新好	深圳市全新好股份有限公司
4	000011	深物业 A	深圳市物业发展（集团）股份有限公司
5	000014	沙河股份	沙河实业股份有限公司
6	000029	深深房 A	深圳经济特区房地产（集团）股份有限公司
7	000031	中粮地产	中粮地产（集团）股份有限公司
8	000036	华联控股	华联控股股份有限公司
9	000042	中洲控股	深圳市中洲投资控股股份有限公司
10	000043	中航地产	中航地产股份有限公司
11	000046	泛海控股	泛海控股股份有限公司
12	000056	皇庭国际	深圳市皇庭国际企业股份有限公司
13	000069	华侨城 A	深圳华侨城股份有限公司
14	000402	金融街	金融街控股股份有限公司
15	000502	绿景控股	绿景控股股份有限公司
16	000514	渝开发	重庆渝开发股份有限公司
17	000517	荣安地产	荣安地产股份有限公司
18	000534	万泽股份	万泽实业股份有限公司
19	000537	广宇发展	天津广宇发展股份有限公司
20	000540	中天金融	中天金融集团股份有限公司
21	000558	莱茵体育	莱茵达体育发展股份有限公司
22	000560	昆百大 A	昆明百货大楼（集团）股份有限公司
23	000573	粤宏远 A	东莞宏远工业区股份有限公司
24	000608	阳光股份	阳光新业地产股份有限公司
25	000615	京汉股份	京汉实业投资股份有限公司
26	000616	海航投资	海航投资集团股份有限公司
27	000620	新华联	新华联文化旅游发展股份有限公司

序号	股票代码	公司简称	公司名称
28	000631	顺发恒业	顺发恒业股份公司
29	000656	金科股份	金科地产集团股份有限公司
30	000667	美好置业	美好置业集团股份有限公司
31	000668	荣丰控股	荣丰控股集团股份有限公司
32	000671	阳光城	阳光城集团股份有限公司
33	000691	亚太实业	海南亚太实业发展股份有限公司
34	000718	苏宁环球	苏宁环球股份有限公司
35	000732	泰禾集团	泰禾集团股份有限公司
36	000736	中交地产	中交地产股份有限公司
37	000797	中国武夷	中国武夷实业股份有限公司
38	000838	财信发展	财信国兴地产发展股份有限公司
39	000863	三湘印象	三湘印象股份有限公司
40	000886	海南高速	海南高速公路股份有限公司
41	000897	津滨发展	天津津滨发展股份有限公司
42	000918	嘉凯城	嘉凯城集团股份有限公司
43	000926	福星股份	湖北福星科技股份有限公司
44	000965	天保基建	天津天保基建股份有限公司
45	000979	中弘股份	中弘控股股份有限公司
46	000981	银亿股份	银亿股份有限公司
47	001979	招商蛇口	招商局蛇口工业区控股股份有限公司
48	002016	世荣兆业	广东世荣兆业股份有限公司
49	002077	大港股份	江苏大港股份有限公司
50	002133	广宇集团	广宇集团股份有限公司
51	002146	荣盛发展	荣盛房地产发展股份有限公司
52	002147	新光圆成	新光圆成股份有限公司
53	002208	合肥城建	合肥城建发展股份有限公司
54	002244	滨江集团	杭州滨江房产集团股份有限公司
55	002285	世联行	深圳世联行地产顾问股份有限公司
56	002305	南国置业	南国置业股份有限公司
57	002314	南山控股	深圳市新南山控股（集团）股份有限公司
58	002377	国创高新	湖北国创高新材料股份有限公司
59	200160	东沣 B	东沣科技集团股份有限公司
60	200168	舜喆 B	广东舜喆（集团）股份有限公司
61	600007	中国国贸	中国国际贸易中心股份有限公司
62	600048	保利地产	保利发展控股集团股份有限公司

序号	股票代码	公司简称	公司名称
63	600052	浙江广厦	浙江广厦股份有限公司
64	600053	九鼎投资	昆吾九鼎投资控股股份有限公司
65	600064	南京高科	南京高科股份有限公司
66	600067	冠城大通	冠城大通股份有限公司
67	600077	宋都股份	宋都基业投资股份有限公司
68	600094	大名城	上海大名城企业股份有限公司
69	600158	中体产业	中体产业集团股份有限公司
70	600159	大龙地产	北京市大龙伟业房地产开发股份有限公司
71	600162	香江控股	深圳香江控股股份有限公司
72	600173	卧龙地产	卧龙地产集团股份有限公司
73	600177	雅戈尔	雅戈尔集团股份有限公司
74	600185	格力地产	格力地产股份有限公司
75	600208	新湖中宝	新湖中宝股份有限公司
76	600215	长春经开	长春经开（集团）股份有限公司
77	600223	鲁商置业	鲁商置业股份有限公司
78	600225	*ST 松江	天津松江股份有限公司
79	600239	云南城投	云南城投置业股份有限公司
80	600240	华业资本	北京华业资本控股股份有限公司
81	600246	万通地产	北京万通地产股份有限公司
82	600266	北京城建	北京城建投资发展股份有限公司
83	600322	天房发展	天津市房地产发展（集团）股份有限公司
84	600325	华发股份	珠海华发实业股份有限公司
85	600340	华夏幸福	华夏幸福基业股份有限公司
86	600376	首开股份	北京首都开发股份有限公司
87	600383	金地集团	金地（集团）股份有限公司
88	600393	粤泰股份	广州粤泰集团股份有限公司
89	600466	蓝光发展	四川蓝光发展股份有限公司
90	600503	华丽家族	华丽家族股份有限公司
91	600510	黑牡丹	黑牡丹（集团）股份有限公司
92	600515	海航基础	海航基础设施投资集团股份有限公司
93	600533	栖霞建设	南京栖霞建设股份有限公司
94	600555	海航创新	海航创新股份有限公司
95	600565	迪马股份	重庆市迪马实业股份有限公司
96	600604	市北高新	上海市北高新股份有限公司
97	600606	绿地控股	绿地控股集团股份有限公司

序号	股票代码	公司简称	公司名称
98	600622	光大嘉宝	光大嘉宝股份有限公司
99	600638	新黄浦	上海新黄浦置业股份有限公司
100	600639	浦东金桥	上海金桥出口加工区开发股份有限公司
101	600641	万业企业	上海万业企业股份有限公司
102	600649	城投控股	上海城投控股股份有限公司
103	600657	信达地产	信达地产股份有限公司
104	600658	电子城	北京电子城投资开发集团股份有限公司
105	600663	陆家嘴	上海陆家嘴金融贸易区开发股份有限公司
106	600665	天地源	天地源股份有限公司
107	600675	中华企业	中华企业股份有限公司
108	600683	京投发展	京投发展股份有限公司
109	600684	珠江实业	广州珠江实业开发股份有限公司
110	600696	*ST 匹凸	上海岩石企业发展股份有限公司
111	600708	光明地产	光明房地产集团股份有限公司
112	600716	凤凰股份	江苏凤凰置业投资股份有限公司
113	600724	宁波富达	宁波富达股份有限公司
114	600730	中国高科	中国高科集团股份有限公司
115	600732	ST 新梅	上海新梅置业股份有限公司
116	600733	SST 前锋	成都前锋电子股份有限公司
117	600736	苏州高新	苏州新区高新技术产业股份有限公司
118	600743	华远地产	华远地产股份有限公司
119	600748	上实发展	上海实业发展股份有限公司
120	600773	西藏城投	西藏城市发展投资股份有限公司
121	600791	京能置业	京能置业股份有限公司
122	600807	天业股份	山东天业恒基股份有限公司
123	600817	*ST 宏盛	西安宏盛科技发展股份有限公司
124	600823	世茂股份	上海世茂股份有限公司
125	600848	上海临港	上海临港控股股份有限公司
126	600890	中房股份	中房置业股份有限公司
127	601155	新城控股	新城控股集团股份有限公司
128	601588	北辰实业	北京北辰实业股份有限公司
129	603506	南都物业	南都物业服务股份有限公司

参考文献

[1] 未良莉，王立平，王俊强. 对外贸易、FDI与污染密集型产业转移实证研究[J]. 沈阳工业大学学报（社会科学版），2019，12（6）：514-519.

[2] 郑志科. 美国产业结构空心化对中国经济发展的启示[J]. 知识经济，2012（21）：83-85.

[3] 李少魁. 香港制造业“空心化”的前车之鉴[J]. 南方企业家，2016（6）：98-101.

[4] 杨利娴. 我国工业源VOCs排放时空分布特征与控制策略研究[D]. 广州：华南理工大学，2012.

[5] 邱凯琼. 工业源挥发性有机物减排潜力及其对空气质量的影响研究[D]. 广州：华南理工大学，2014.

[6] 张嘉妮，陈小方，梁小明，等. “十三五”挥发性有机物总量控制情景分析[J]. 环境科学，2018，39（8）：3544-3551.

[7] 王金南，董战峰，蒋洪强，等. 中国环境保护战略政策70年历史变迁与改革方向[J]. 环境科学研究，2019，32（10）：1636-1644.

[8] 潘岳. 七项环境经济政策当先行[J]. 瞭望，2007（37）：34-35.

[9] 任志宏，赵细康. 公共治理新模式与环境治理方式的创新[J]. 学术研究，2006（9）：92-98.

[10] 郑玉雨，童谣，段显明，等. 非制造业类上市公司环境信息披露合规性评估方法与现状分析——以房地产行业为例[J]. 环境保护，2019，47（22）：55-60.

[11] 于相毅，毛岩，孙锦业. 美日欧PRTR制度比较研究及对我国的启示[J]. 环境科学与技术，2015，38（2）：195-199.

[12] 田宇，王玉晶，于丽娜，等. 污染物释放与转移登记制度的国外经验及启示[J]. 环境保护，2016，44（15）：73-76.

[13] 李晓亮，吴嗣骏，葛察忠. 美国EPCRA法案对我国推动企业环境信息公开的启示[J]. 中国环境管理，2016，8（6）：70-74.

[14] 高春玲. 企业环境会计及环境会计信息披露的研究[D]. 西安：西安理工大学，2007.

[15] 何源. 我国环境会计探析——基于全球化视角[J]. 经贸实践，2017（24）：252.

[16] 胡晓玲. 借鉴日本经验——完善我国环境会计信息披露制度[J]. 财会研究，2012（1）：32-34.

[17] 李晓亮，陆俐呐，林爱军. 我国企业环境信息公开政策制定与执行的进展与问题[J]. 环境保护，2016，44（18）：48-52.

[18] 田雪，葛察忠，林爱军，等. 我国市场主导绿色证券制度建设与路径探析[J]. 环境保护，2018，46（22）：18-22.

[19] 金迪. 环境法下上市公司信息公开之内容研究——对《上市公司环境信息披露指南（征求意见稿）》的研讨[J]. 环境科学与管理，2011，36（10）：5-11.

[20] 王丹. 环境会计信息披露与公司治理相关性实证研究[D]. 哈尔滨：东北林业大学，2014.

[21] 毛显强，钟瑜，张胜. 生态补偿的理论探讨[J]. 中国人口・资源与环境，2002（4）：40-43.

[22] 沈满洪，何灵巧. 外部性的分类及外部性理论的演化[J]. 浙江大学学报（人文社会科学版），2002（1）：152-160.

[23] 周丽娜. 我国上市公司环境会计信息披露研究[D]. 昆明：云南财经大学，2018.

[24] 杨永纯，高一飞. 比较视野下的中国信息公开立法[J]. 法学研究，2013，35（4）：115-123.

[25] 孟凡利. 论环境会计信息披露及其相关的理论问题[J]. 会计研究，1999（4）：17-26.

[26] 习近平. 弘扬人民友谊　共创美好未来[N]. 人民日报，2013 年 9 月 7 日版.

[27] 习近平. 推动我国生态文明建设迈上新台阶[J]. 奋斗，2019（3）：1-16.

[28] 董前程. 中国特色社会主义生态文明理论的伦理意蕴[J]. 南京师大学报（社会科学版），2019（6）：83-92.

[29] 鞠秋云. 基于低碳经济视角的企业环境成本会计核算研究[D]. 大连：东北财经大学，2011.

[30] 黎睿. 我国上市公司环境会计信息披露质量影响因素研究[D]. 西安：西安科技大学，2018.

[31] 郭璐. 我国石油行业环境会计信息披露现状分析[D]. 南京：南京信息工程大学，2018.

[32] 马险峰，王骏娴. 加快建立绿色证券制度[J]. 中国金融，2016（6）：60-62.

[33] Friedman M F. The social responsibility of business is to increase its profits[J]. The New York Times Magazine，2007.

[34] 曲冬梅. 环境信息披露中的矛盾与选择[J]. 法学杂志，2005（6）：71-73.

[35] 蒋麟凤. 我国环境会计信息披露动因研究[J]. 财会通讯，2011（3）：26-28.

[36] 李宏伟. 媒体监督、环境信息披露与公司价值研究[D]. 北京：中国矿业大学，2016.

[37] 孟晓华. 企业环境信息披露的驱动机制研究[D]. 上海：上海交通大学，2014.

[38] 任月君，郝泽露. 社会压力与环境信息披露研究[J]. 财经问题研究，2015（5）：88-95.

[39] 杨南，张媛. 上市公司环境会计信息披露存在的问题及对策——以采矿业为例[J]. 时代金融，2014（35）：210-211.

[40] 王璐. 外部环境信息披露对上市公司股票价格波动的影响研究[D]. 金华：浙江师范大学，2018.

[41] 武剑锋. 环境信息披露、融资成本与企业价值增长[D]. 北京：对外经济贸易大学，2015.

[42] 吕峻. 公司环境披露与环境绩效关系的实证研究[J]. 管理学报，2012，9（12）：1856-1863.

[43] 沈洪涛，李余晓璐. 我国重污染行业上市公司环境信息披露现状分析[J]. 证券市场导报，2010（6）：51-57.

[44] 龚明晓. 企业社会责任信息决策价值研究[D]. 广州：暨南大学，2007.

[45] 赵帆. 制度环境对上市公司环境信息披露的影响研究[D]. 重庆：西南大学，2014.

[46] 周守华，陶春华. 环境会计：理论综述与启示[J]. 会计研究，2012（2）：3-10.

[47] 姜轶鸥，徐素波. 我国钢铁行业上市公司环境会计信息披露研究[J]. 纳税，2019，13（26）：72-73.

[48] 陆雪艳，宋淑鸿. 食品业上市公司社会责任会计信息披露与企业绩效关系研究[J]. 中国林业经济，2020（3）：111-114.

[49] 胡曲应，班金梅. 电力行业上市公司环境信息披露研究[J]. 财会月刊，2013（16）：40-44.

[50] 付茂旭. 采矿业上市公司环境信息披露影响因素分析[J]. 合作经济与科技，2016（19）：68-71.

[51] 刘丽波. 化工行业环境会计信息披露存在的问题及对策[J]. 会计之友，2012（25）：123-126.

[52] Liu X B，Anbumozhi V. Determinant factors of corporate environmental information disclosure：An empirical study of Chinese listed companies[J]. Journal of Cleaner Production，2009，17（6）：593-600.

[53] 李祝平，班慧芳，丁浩. 采矿业上市公司环境会计信息披露问题探究[J]. 会计之友，2015（20）：21-25.

[54] 柳柯. 我国钢铁行业上市公司环境会计信息披露分析[J]. 商业会计，2015（17）：79-81.

[55] 向春华. 我国化工行业上市公司环境会计信息披露实证研究[D]. 长沙：湖南大学，2010.

[56] 王璐. 安徽省重污染类上市公司环境治理信息披露探析——基于 2001 年至 2012 年的经验数据[J]. 安徽农业大学学报（社会科学版），2014，23（1）：31-37.

[57] 王楠，杨雯，黄静. 环境责任视角下电力行业环境会计信息披露研究[J]. 财会通讯，2015（36）：7-9.

[58] 梁玉栋. 公司治理对我国上市公司会计信息披露质量的影响研究[D]. 青岛：青岛理工大学，2018.

[59] 程鑫. 我国上市公司会计信息披露存在的问题及对策[J]. 中国市场，2019（2）：144-145.

[60] 朱易捷. 我国上市公司环境信息披露的情况研究[J]. 金融纵横，2019（8）：82-87.

[61] 沈洪涛，苏亮德. 企业信息披露中的模仿行为研究——基于制度理论的分析[J]. 南开管理评论，2012，15（3）：82-90.

[62] 王思思，陆新文. 环境会计信息披露影响因素研究——以我国钢铁行业上市公司为例[J]. 中国商论，2017（11）：161-163.

[63] 李正，向锐. 中国企业社会责任信息披露的内容界定、计量方法和现状研究[J]. 会计研究，2007（7）：3-11.

[64] 王建明. 企业绿色会计理论与实践研究[D]. 南京：南京农业大学，2005.

[65] 李正. 企业社会责任信息披露研究[D]. 厦门：厦门大学，2007.

[66] Campbell D，Craven B，Shrives P. Voluntary social reporting in three FTSE sectors：A comment on perception and legitimacy[J]. Accounting Auditing & Accountability Journal，2003，16（4）：558-581.

[67] Van der Laan Smith J，Adhikari A，Tondkar R H. Exploring differences in social disclosures internationally：A stakeholder perspective[J]. Journal of Accounting and Public Policy，2005，24（2）：123-151.

[68] Guthrie J，Parker L D. Corporate social reporting：A rebuttal of legitimacy theory[J]. Accounting and Business Researich，1989，19（76）：343-352.

[69] 王建明. 环境信息披露、行业差异和外部制度压力相关性研究——来自我国沪市上市公司环境信息披露的经验证据[J]. 会计研究，2008（6）：54-62.

[70] 周晖. 我国环境信息手段对公司价值的影响研究[D]. 上海：上海交通大学，2018.

[71] 杜淼淼. 上市公司环境会计信息披露的影响因素研究[D]. 北京：中国地质大学（北京），2019.

[72] 李余晓璐. 我国企业环境信息披露的现状及影响因素研究[D]. 广州：暨南大学，2011.

[73] 李晋. 宝钢环境信息披露的评价与影响因素研究[D]. 上海：东华大学，2018.

[74] 李宏婧. 环境信息披露质量的影响因素研究[D]. 重庆：西南大学，2012.

[75] 刘易. 火力发电行业环境信息披露质量评价研究[D]. 青岛：青岛大学，2019.

[76] 张懿琳. 企业环境信息披露对财务绩效的影响研究[D]. 重庆：西南大学，2018.

[77] 秦智远. 江西省重污染上市公司环境会计信息质量评价研究[D]. 南昌：华东交通大学，2018.

[78] 张山. 博弈视角下我国钢铁行业环境会计信息披露影响因素研究[D]. 大庆：黑龙江八一农垦大学，2019.

[79] 凌兰兰. 上市公司社会责任报告披露问题研究[D]. 合肥：合肥工业大学，2009.

[80] 孙思琪. T钢铁企业环境会计信息披露评价体系构建研究[D]. 长春：吉林大学，2019.

[81] 钱伟. M煤炭企业环境会计信息披露问题探究[D]. 青岛：青岛科技大学，2019.

[82] 余婷，段显明，葛察忠，等. 基于重点排污单位的上市公司环境信息披露现状分析[J]. 中国环境管理，2018，10（6）：107-112.

[83] 余婷. 基于重点排污单位的上市公司环境信息披露影响因素研究[D]. 杭州：杭州电子科技大学，2019.

[84] 卢晓苹，魏远竹，徐思婷. 黑色金属冶炼及压延加工类上市公司环境会计信息披露探究[J]. 商业会计，2016（10）：44-47.

[85] 徐霞，张璐. 上市公司环境会计信息披露的实证分析[J]. 商场现代化，2014（21）：258-261.

[86] 汤亚莉，陈自力，刘星，等. 我国上市公司环境信息披露状况及影响因素的实证研究[J]. 管理世界，2006（1）：158-159.

[87] 李晚金. 环境会计信息披露问题研究[D]. 长沙：湖南大学，2008.

[88] 叶圣楠. 风险投资机构介入、公司治理与企业环境信息披露[D]. 无锡：江南大学，2018.

[89] 蒋麟凤. 公司治理、财务状况与环境会计信息披露[J]. 财会通讯，2010（18）：21-23.

[90] 张猛. 山东省重污染行业上市公司环境信息披露影响因素的实证分析[D]. 济南：山东大学，2010.

[91] 李晨光. 上市公司环境会计信息披露影响因素的实证研究[D]. 南京：南京航空航天大学，2012.

[92] 刘洋，赵伟. 企业环境会计信息披露影响因素研究——以山东省重污染行业上市公司为例[J]. 山东农业大学学报（社会科学版），2012，14（4）：61-65.

[93] 姚静怡. 我国上市公司环境信息披露影响因素的实证研究[D]. 北京：北京交通大学，2011.

[94] 尤嘉宁，谷文林. 上市公司环境会计信息披露的实证分析——以沪市制造业重污染行业为例[J]. 水利经济，2013，31（5）：71-74.

[95] 何丽梅，侯涛. 环境绩效信息披露及其影响因素实证研究——来自我国上市公司社会责任报告的经验证据[J]. 中国人口·资源与环境，2010，20（8）：99-104.

[96] Clarkson P M，Li Y，Richardson G D，et al. Revisiting the relation between environmental performance and environmental disclosure：An empirical analysis[J]. Accounting Organizations & Society，2008，33（4-5）：327.

[97] 赵萱. 企业环境责任信息披露制度绩效及其影响因素实证研究[D]. 重庆：西南大学，2015.

[98] 沈洪涛，冯杰. 舆论监督、政府监管与企业环境信息披露[J]. 会计研究，2012（2）：72-78.

[99] 沈洪涛，廖菁华. 会计与生态文明制度建设[J]. 会计研究，2014（7）：12-17.

[100] 杜建儒. A公司环境会计信息披露研究[D]. 青岛：青岛大学，2019.

[101] Beck A C，Campbell D，Shrives P J. Content analysis in environmental reporting research：Enrichment and rehearsal of the method in a British－German context[J]. The British Accounting Review，2010，42（3）：207-222.

[102] 李东. 中美制药企业环境信息披露对比研究[D]. 北京：北京交通大学，2018.

[103] 杨华. 上市公司会计信息披露质量与经营绩效关系——来自我国深圳A股化工行业上市公司的经验证据[J]. 重庆理工大学学报（社会科学版），2012，26（6）：28-31.

[104] 徐贵丽. 国外环境会计研究：综述、特征及对我国的启示[J]. 财会通讯，2011（30）：19-22.

[105] 李师. 管理层权力对环境信息披露质量的影响研究[D]. 咸阳：西北农林科技大学，2018.

[106] 姚珏. 环境信息披露、市场响应与企业价值研究[D]. 杭州：杭州电子科技大学，2018.

[107] 刘禹彤. 重污染行业上市公司环境会计信息披露水平研究[D]. 秦皇岛：燕山大学，2018.

[108] 刘慧娟. 国际证券市场信息披露监管制度研究[D]. 北京：对外经济贸易大学，2014.

[109] 何丽梅，李哲，朱红. 我国电力上市公司社会责任报告及环境绩效信息披露研究[J]. 数理统计与管理，2011，30（3）：397-403.

[110] 熊家财. 我国上市公司环境会计信息披露现状与影响因素——来自重污染行业上市公司的经验证据[J]. 南方金融，2015（12）：42-48.

[111] 胡立新，王田，肖田. 董事会特征与环境信息披露研究——基于我国制造业上市公司的调查分析[J]. 财会通讯，2010（33）：101-103.

[112] 王鹏. 地方压力、环境绩效与环境会计信息披露[D]. 青岛：青岛科技大学，2018.

[113] 张世兴. 基于环境业绩评价的企业环境信息披露研究[D]. 青岛：中国海洋大学，2009.

[114] 魏婉婷. 公司治理、外部影响因素与环境会计信息披露质量相关性研究[D]. 北京：中国财政科学研究院，2019.

[115] 李静. 煤炭上市企业环境会计信息披露质量影响因素研究[D]. 西安：西安科技大学，2017.

[116] 侯蕴慧. 煤炭行业上市公司环境信息披露的实证研究[J]. 生产力研究，2018（3）：118-121，160.

[117] 沈洪涛，黄珍，郭肪汝. 告白还是辩白——企业环境表现与环境信息披露关系研究[J]. 南开管理评论，2014，17（2）：56-63.

[118] 高宏霞，朱海燕，孟樊俊. 环境信息披露质量影响债务融资成本吗？——来自我国环境敏感型行业上市公司的经验证据[J]. 南京审计大学学报，2018，15（6）：20-28.

[119] 向凯. 董事会特征对会计信息披露质量的影响——来自我国上市公司的经验证据[J]. 价值工程，2007（11）：136-142.

[120] 赵宝福，张冉. 采矿行业上市公司环境会计信息披露影响因素实证研究[J]. 辽宁工程技术大学学报（社会科学版），2019，21（4）：261-269.

[121] 王莲. 高管背景特征、企业环境信息披露与盈余管理关系研究[D]. 西安：西北大学，2019.

[122] 郭梦婕. 市场化水平、环境信息披露与企业绩效[D]. 镇江：江苏科技大学，2018.

[123] 柏卉. 我国农业绿色信贷的实施效果——基于环境信息披露对涉农上市公司融资影响的分析[J]. 金融理论探索，2019（6）：50-59.

[124] 周子娴. A+H 股公司环境信息的披露及对企业绩效的影响研究[D]. 北京：华北电力大学（北京），2019.

[125] 周叶. 我国钢铁行业上市公司环境信息披露水平与企业价值相关性研究[D]. 南京：南京航空航天大学，2019.

[126] 孙逸文，彭容，彭帅红. 我国上市公司自愿性会计信息披露问题研究——以房地产行业为例[J]. 兰州工业学院学报，2019，26（3）：93-97.

[127] 陈玲芳. 基于盈余管理视角的企业环境信息披露行为分析[J]. 统计与决策，2015（21）：179-182.

[128] 张秀敏，薛宇，吴漪，等. 企业环境信息披露研究的发展与完善——基于披露指标设计与构建方法的探讨[J]. 华东师范大学学报（哲学社会科学版），2016，48（5）：140-149.

[129] 高科. 我国上市公司社会责任会计信息披露研究[D]. 北京：中国地质大学（北京），2018.

[130] Wiseman，Joanne. An evaluation of environmental disclosures made in corporate annual reports[J]. Accounting Organizations & Society，1982，7（1）：53-63.

[131] 彭珏，郑开放，魏晓博. 市场化进程、终极控制人与环境信息披露[J]. 现代财经（天津财经大学学报），2014，34（6）：78-88.

[132] 舒岳. 股权结构与环境信息披露的实证研究——来自沪市上市公司的经验数据[J]. 财会通讯，2010（18）：57-59.

[133] 毕茜，彭珏，左永彦. 环境信息披露制度、公司治理和环境信息披露[J]. 会计研究，2012（7）：39-47.

[134] 田云玲，洪沛伟. 上市公司环境信息披露影响因素实证研究[J]. 会计之友（下旬刊），2010（1）：66-69.

[135] 傅鸿震. 公司特征、行业竞争属性与环境信息披露——来自我国重污染行业上市公司的经验证据[J]. 西部论坛，2015，25（1）：86-94.

[136] 姜艳，杨美丽. 企业环境会计信息披露水平影响因素研究——来自山东制造业和采掘业上市公司的经验数据[J]. 山东工商学院学报，2011，25（6）：103-109.

[137] 赵梓岑. 企业环境信息披露的影响因素及财务绩效研究[D]. 南京：南京理工大学，2013.

[138] 郭琦，韩江雪，魏东玲，等. 低碳经济视角下的环境会计信息披露影响因素研究——以京津冀地区上市公司为例[J]. 河北北方学院学报（社会科学版），2019，35（5）：69-73.

[139] 张丹丹，王莉. 高管特征对环境会计信息披露的影响研究——基于 A 股上市公司的研究[J]. 现代经济信息，2018（12）：148-149.

[140] 刘金彬，杨文武. 企业环境会计信息披露与财务绩效关系研究——以四川省上市公司为例[J]. 商业会计，2018（16）：4-8.

[141] 谯思悦. 基于主成分分析的我国上市煤炭公司环境会计信息披露影响因素研究[J]. 西南科技大学学报（哲学社会科学版），2019，36（2）：53-57.

[142] 王子元. 我国钢铁行业环境信息披露评价分析[D]. 杭州：浙江工商大学，2019.

[143] 贾敬全. 上市公司环境信息披露监管研究[D]. 北京：中国矿业大学，2015.

[144] 齐萱. 上市公司自愿性会计信息披露研究[D]. 天津：天津财经大学，2009.

[145] Solomon A，Lewis L. Incentives and disincentives for corporate environmental disclosure[J]. Business Strategy and the Environment，2002，11（3）：154-169.

[146] 邹立. 我国上市公司环境信息披露动因及影响因素的实证研究[D]. 重庆：重庆大学，2006.

[147] Lee T M，Hutchison P D. The decision to disclose environmental information：A research review and agenda[J]. Advances in Accounting，2005，21：83-111.

[148] Sharfman M P，Fernando C S. Environmental risk management and the cost of capital[J]. Strategic Management Journal，2008，29（6）：569-592.

[149] 尚会君，刘长翠，耿建新. 我国企业环境信息披露现状的实证研究[J]. 环境保护，2007（8）：15-21.

[150] Freedman M，Jaggi B. Global warming disclosures：Impact of Kyoto protocol across countries[J]. Journal of International Financial Management & Accounting，2011，22（1）：46-90.

[151] 唐国平，刘忠全. 《环境保护税法》对企业环境信息披露质量的影响——基于湖北省上市公司的经验证据[J]. 湖北大学学报（哲学社会科学版），2019，46（1）：150-157.

[152] 宗子薇. 新《环境保护法》对企业环境信息披露水平的影响[D]. 扬州：扬州大学，2019.

[153] 白雪. 媒体关注对企业环境信息披露质量的影响研究[D]. 北京：首都经济贸易大学，2018.

[154] 闫雅洁. 上市公司环境信息披露影响因素研究[D]. 太原：山西财经大学，2018.

[155] 卢馨，李建明. 中国上市公司环境信息披露的现状研究——以 2007 年和 2008 年沪市 A 股制造业上市公司为例[J]. 审计与经济研究，2010，25（3）：62-69.

[156] 唐久芳，李启平. 低碳经济模式下环境信息披露的实证研究——以湖南上市公司为例[J]. 产经评论，2010（6）：85-92.

[157] 杨凤鸣，张柯贤. 公司特征、企业性质与环境会计信息披露——基于沪市采矿业上市公司的实证分析[J]. 南华大学学报（社会科学版），2014，15（6）：54-58.

[158] 赵邦华. 钢铁类上市公司环境会计信息披露影响因素的实证研究[J]. 绿色科技，2015（4）：314-316.

[159] Cong Y，Freedman M. Corporate governance and environmental performance and disclosures[J]. Advances in Accounting，2011，27（2）：223-232.

[160] Brammer S，Brooks C，Pavelin S. Corporate social performance and stock returns：UK evidence from disaggregate measures[J]. Financial Management，2006，35（3）：97-116.

[161] Zeng S X，Xu X D，Dong Z Y，et al. Towards corporate environmental information disclosure：An empirical study in China[J]. Journal of Cleaner Production，2010，18（12）：1142-1148.

[162] 丁梦云. 传统文化、环境规制与碳信息披露[D]. 重庆：西南大学，2018.

[163] Chau G K，Gray S J. Ownership structure and corporate voluntary disclosure in Hong Kong and Singapore[J]. The International Journal of Accounting，2002，37（2）：247-265.

[164] 毕茜，顾立盟，张济建. 传统文化、环境制度与企业环境信息披露[J]. 会计研究，2015（3）：12-19.

[165] 潘欣远. 股权再融资与环境信息披露管理[D]. 北京：中国矿业大学，2019.

[166] 权亚文. 高管团队特征、企业环境信息披露与企业价值关系研究[D]. 西安：西北大学，2018.

[167] 王小红，王海民，李斌泉. 上市公司环境会计信息披露影响效应域研究——以陕西省上市公司为例[J]. 当代经济科学，2011，33（4）：115-123.

[168] 赵雪梅. 采矿业上市公司碳会计信息披露影响因素实证研究[D]. 青岛：青岛理工大学，2018.

[169] 苗朝阳. 我国上市石油公司环境责任信息披露研究[D]. 大庆：东北石油大学，2019.

[170] 李若彤. 机构投资者持股与环境信息披露[D]. 北京：中国矿业大学，2019.

[171] 陈秋圻. 环境信息披露、研发创新投入与企业财务绩效[D]. 北京：北京交通大学，2019.

[172] 黄嫦娇. 技术创新对环境会计信息披露影响研究——浙江省化工行业上市公司实证[J]. 现代商贸工业，2019，40（31）：98-99.

[173] Menguc B，Auh S，Ozanne L. The interactive effect of internal and external factors on a proactive environmental strategy and its influence on a firm's performance[J]. Journal of Business Ethics，2010，94（2）：279-298.

[174] 侯缊慧. 山西煤炭上市公司环境信息披露研究[J]. 经济师，2018（4）. 78-79.

[175] 刘敏. 外部压力、公司绩效与社会责任信息披露[D]. 沈阳：辽宁大学，2012.

[176] 刘咪. 环境会计信息披露影响因素研究[D]. 长沙：中南林业科技大学，2018.

[177] 王倩倩. 组织合法性视角下的企业自愿性社会责任信息披露研究[D]. 沈阳：辽宁大学，2013.

[178] 姚翠. 上市公司环境会计信息披露程度研究[D]. 保定：河北大学，2010.

[179] 李蓓. 低碳经济视角下的环境会计信息披露影响因素分析[D]. 南京：南京林业大学，2018.

[180] 唐久芳，李鹏飞. 环境信息披露的实证研究——来自中国证券市场化工行业的经验数据[J]. 中国人口•资源与环境，2008（5）：112-117.

[181] 杨洋. 我国电力行业上市公司环境会计信息披露研究[D]. 湘潭：湘潭大学，2014.

[182] 司林. 我国钢铁行业上市公司环境会计信息披露影响因素研究[D]. 北京：中国地质大学（北京），2015.

[183] 曹月璐，刘依. 我国上市公司环境会计信息披露影响因素实证研究[J]. 时代金融，2018（32）：377-385.

[184] 黄珺，周春娜. 股权结构、管理层行为对环境信息披露影响的实证研究——来自沪市重污染行业的经验证据[J]. 中国软科学，2012（1）：133-143.

[185] 路晓燕，林文雯，张敏. 股权性质、政治压力和上市公司环境信息披露——基于我国重污染行业的经验数据[J]. 中大管理研究，2012，7（4）：114-136.

[186] 周腾飞. 我国企业社会责任会计信息披露影响因素的研究[D]. 济南：山东大学，2009.

[187] 郭秀珍. 环境保护与企业环境会计信息披露——基于公司治理结构的上市公司经验数据分析[J]. 财经问题研究，2013（5）：116-121.

[188] 尹梅. 我国上市公司环境会计信息披露影响因素研究[D]. 湘潭：湘潭大学，2013.

[189] Liu X，Yu Q，Fujitsuka T，et al. Functional mechanisms of mandatory corporate environmental disclosure：An empirical study in China[J]. Journal of Cleaner Production，2010，18（8）：823-832.

[190] 吴琼. 上市公司环境会计信息披露影响因素研究[D]. 北京：中国地质大学（北京），2018.

[191] 蒙立元，李苗苗，张雅淘. 公司治理结构与环境会计信息披露关系实证研究[J]. 财会通讯，2010（9）：20-23.

[192] Beasley M S. An empirical analysis of the relation between the board of director composition and financial statement fraud[J]. Accounting Review，1996：443-465.

[193] Chen C J P，Jaggi B. Association between independent non-executive directors，family control and financial disclosures in Hong Kong[J]. Journal of Accounting and Public Policy，2000，19（4-5）：285-310.

[194] 刘立国，杜莹. 公司治理与会计信息质量关系的实证研究[J]. 会计研究，2003（2）：28-36.

[195] 唐甜，齐祥芹，王南. 内部控制、市场化进程与环境信息披露——来自我国造纸业上市公司的实证检验[J]. 当代经济，2019（11）：134-136.

[196] 王亚男. 环境会计信息披露影响因素研究[D]. 天津：天津商业大学，2013.

[197] 王小红，高民芳，宋玉. 低碳经济下上市公司环境会计信息披露研究——以陕西省上市公司为例[J]. 会计之友，2011（20）：37-40.

[198] 陈颖. 公司治理与碳会计信息披露的关系研究[D]. 无锡：江南大学，2018.

[199] 李苗苗. 我国上市公司环境会计信息披露的实证研究[D]. 兰州：兰州理工大学，2009.

[200] 宋鹏姬. 我国上市公司环境信息披露影响因素的实证研究——以“餐旅业”为例[J]. 现代经济信息，2019（3）：16-17.

[201] Jaggi B，Freedman M. An examination of the impact of pollution performance on economic and market performance：Pulp and paper firms[J]. Journal of Business Finance & Accounting，2006，19（5）：697-713.

[202] 陈茜. 重污染行业上市公司碳会计信息披露水平影响因素研究[D]. 兰州：甘肃政法学院，2018.

[203] 王小红，宋玉. 社会责任下西北五省环境会计信息披露研究——来自社会责任报告的经验证据[J]. 会计之友，2014（18）：68-72.

[204] 郑春美，向淳. 我国上市公司环境信息披露影响因素研究——基于沪市 170 家上市公司的实证研究[J]. 科技进步与对策，2013，30（12）：98-102.

[205] 张俊瑞，郭慧婷，贾宗武，等. 企业环境会计信息披露影响因素研究——来自中国化工类上市公司的经验证据[J]. 统计与信息论坛，2008（5）：32-38.

[206] Orlitzky M，Schmidt F L，Rynes S L. Corporate social and financial performance：A meta-analysis[J]. Organization Studies，2003，24（3）：403-441.

[207] 聂建平. 重污染上市公司环境会计信息披露研究——基于低碳经济背景[J]. 会计之友，2018（5）：18-22.

[208] 邹立. 我国上市公司环境信息披露动因及影响因素的实证研究[D]. 重庆：重庆大学，2006.

[209] 韩璐. 电力上市公司环境会计信息披露影响因素的实证研究[D]. 南京：南京航空航天大学，2019.

[210] 王英伟. 权威应援、资源整合与外压中和：邻避抗争治理中政策工具的选择逻辑——基于（fsQCA）模糊集定性比较分析[J]. 公共管理学报，2020，17（2）：1-22.

[211] 毛湛文. 定性比较分析（QCA）与新闻传播学研究[J]. 国际新闻界，2016，38（4）：6-25.

[212] Fiss P C. A set-theoretic approach to organizational configurations[J]. The Academy of Management Review，2007，32（4）：1180-1198.

[213] Fiss P C. Building better causal theories：A fuzzy set approach to typologies in organization research[J]. Academy of Management Journal，2011，54（2）：393-420.

[214] 万筠，王佃利. 中国邻避冲突结果的影响因素研究——基于 40 个案例的模糊集定性比较分析[J]. 公共管理学报，2019，16（1）：66-76.

[215] 张驰，郑晓杰，王凤彬. 定性比较分析法在管理学构型研究中的应用：述评与展望[J]. 外国经济与管理，2017，39（4）：68-83.

[216] 李蔚，何海兵. 定性比较分析方法的研究逻辑及其应用[J]. 上海行政学院学报，2015，16（5）：92-100.

[217] Ragin C C，Strand S I. Using qualitative comparative analysis to study causal order：Comment on caren and panofsky（2005）[J]. Sociological Methods & Research，2008，36（4）：431-441.

[218] 阿克塞尔·马克斯，贝努瓦·里候科斯，查尔斯·拉金，等. 社会科学研究中的定性比较分析法——近 25 年的发展及应用评估[J]. 国外社会科学，2015（6）：105-112.

[219] 刘丰. 定性比较分析与国际关系研究[J]. 世界经济与政治，2015（1）：90-110.

[220] 贺孝康. 定性比较分析方法与中国国际关系研究[D]. 北京：外交学院，2018.

[221] Estevão J，Raposo C. The impact of the 2030 climate and energy framework agreement on electricity prices in MIBEL：A mixed-methods approach[J]. Journal of Business Research，2018，89：411-417.

[222] 杨志，魏姝. 政策爆发生成机理：影响因素、组合路径及耦合机制——基于 25 个案例的定性比较

分析[J]. 公共管理学报，2020，17（2）：14-26.

[223] 熊烨，周建国. 政策转移中的政策再生产：影响因素与模式概化——基于江苏省“河长制”的 QCA 分析[J]. 甘肃行政学院学报，2017（1）：37-47.

[224] 赵文，李月娇，赵会会. 政府研发补贴有助于企业创新效率提升吗？——基于模糊集定性比较分析（fsQCA）的研究[J]. 研究与发展管理，2020，32（2）：37-47.

[225] 郭元源，葛江宁，程聪，等. 基于清晰集定性比较分析方法的科技创新政策组合供给模式研究[J]. 软科学，2019，33（1）：45-49.

[226] 王程韡. 腐败的社会文化根源：基于模糊集的定性比较分析[J]. 社会科学，2013（10）：28-39.

[227] 李良荣，郑雯，张盛. 网络群体性事件爆发机理：“传播属性”与“事件属性”双重建模研究——基于 195 个案例的定性比较分析（QCA）[J]. 现代传播（中国传媒大学学报），2013，35（2）：25-34.

[228] 黄荣贵，桂勇. 互联网与业主集体抗争：一项基于定性比较分析方法的研究[J]. 社会学研究，2009，24（5）：29-56.

[229] 章文光，王耀辉. 哪些因素影响了产业升级？——基于定性比较分析方法的研究[J]. 北京师范大学学报（社会科学版），2018（1）：132-142.

[230] 许鹿，黄林. 政府信息公开影响因素研究——基于对 G 省 88 个县级政府的清晰集定性比较分析[J]. 福建行政学院学报，2018（1）：1-10.

[231] 张正荣，杨金东，魏然. 跨境电商综合试验区的设立模式与推广问题——基于 70 个城市的定性比较分析[J]. 软科学，2020，5：1-15.

[232] 王凤彬，江鸿，王璁. 央企集团管控架构的演进：战略决定、制度引致还是路径依赖？——一项定性比较分析（QCA）尝试[J]. 管理世界，2014（12）：92-114.

[233] 王璁，王凤彬. 大型国有企业集团总部对成员单位控制体系的构型研究——基于 102 家中央企业的定性比较分析[J]. 南开管理评论，2018，21（6）：185-197.

[234] 戴维奇，黄婷婷，傅颖. 私营企业家的身份体系如何影响创业导向？——基于模糊集的定性比较分析[J]. 科学学与科学技术管理，2020，41（3）：1-27.

[235] 王洪攀，金蓓，谢成，等. 122 名护士心理弹性影响因素综合作用的模糊定性比较分析[J]. 护理学报，2018，25（24）：29-33.

[236] 徐鹏，张恒，白贵玉. 上市公司败德治理行为发生机理研究——基于组态视角的模糊集定性比较分析[J]. 管理学季刊，2019，4（3）：72-86.

[237] 林艳. 上市公司财务舞弊的影响因素研究[D]. 厦门：华侨大学，2019.

[238] 杨金海. 关于企业失范的前因、特征及后果的研究[D]. 北京：对外经济贸易大学，2017.

[239] 郭檬楠，倪静洁. 基于资产保值增值的国企审计内容组合研究[J]. 南京审计大学学报，2019，16（4）：1-10.

[240] 温馨. 投资者对并购公告标的公司特征信息的认知与反应研究[D]. 北京：北京交通大学，2019.

[241] 吴华飞. 模糊逻辑与并购公告后投资者的认知和反应[D]. 杭州：浙江工业大学，2018.

[242] 时辰. 基于定性比较分析法的内部控制缺陷多重并发因果分析[D]. 郑州：中原工学院，2019.

[243] 赵菲. 基于文化差异的企业跨国并购绩效影响机制研究[D]. 无锡：江南大学，2018.

[244] 于晓东，刘刚，梁晗. 家族企业亲属关系组合与高效治理模式研究——基于中国家族上市公司的定性比较分析[J]. 中国软科学，2018（3）：153-165.

[245] 王桂. 基于定性比较分析的本土企业技术赶超模式研究[D]. 杭州：杭州电子科技大学，2018.

[246] 赵文，李文霞，孙国强. 二元社会网络与海归企业创新绩效——基于模糊集的定性比较分析[J]. 华东经济管理，2017，31（6）：113-118.

[247] 王丽平，金斌斌. 新经济下创业企业非线性成长基因组态与等效路径研究——基于模糊集定性比较分析[J]. 科技进步与对策，2020，37（7）：1-10.

[248] Creswell J W，Creswell J D. Research design：Qualitative，quantitative，and mixed methods approaches[M]. Sage Publication，2017.

[249] Thiem A. Standards of good practice and the methodology of necessary conditions in qualitative comparative analysis[J]. Political Analysis，2016，24（4）：478-484.

[250] Kiser E，Drass K A，Brustein W. Ruler autonomy and war in early modern Western Europe[J]. International Studies Quarterly，1995，39（1）：109-138.

[251] Mathias K A. Explaining government preferences for institutional change in eu foreign and security policy[J]. International Organization，2004，58（1）：137-174.

[252] Breitmeier H，Underdal A，Young O R. The effectiveness of international environmental regimes：Comparing and contrasting findings from quantitative research[J]. International Studies Review，2011，13（4）：579 605.

[253] 张茜. 制度与市场压力影响下的企业社会责任信息披露行为机制[D]. 长沙：湖南大学，2017.

[254] 刘金彬. 上市公司环境会计信息披露现状及制约因素分析——基于四川省上市公司的证据[J]. 经济体制改革，2016（4）：121-126.